銀行員と対等に交渉できる

中小企業経営者のための融資の基本100

川北英貴

Kawakita Hideki

同文舘出版

まえがき

「なぜ銀行は、わが社に融資をしてくれないんだ」

このような思いは、多くの中小企業経営者が抱いていることでしょう。

企業が事業を行うためには、運転資金や設備資金など、さまざまな場面で資金の需要が発生し、自己資金としてそれが用意できないのであれば、銀行などから借入しなければなりません。

しかし、資金需要が発生したからと言って、いつでも簡単にお金を借りることができるわけではありません。

あなたが、お金を「貸す」側の立場に立ってみればわかると思いますが、自分のお金を貸すのは、とても勇気が要ることです。貸す相手は信頼のできる人か、将来全部返してくれるか、連絡が取れなくなることはないかなど、人にお金を貸す場合は相手についていろいろな情報を手に入れ、貸すかどうか検討するのではないでしょうか。

それを考えると、あなたの会社にお金を「貸す」側である金融機関は簡単にお金を貸してくれるわけではない、ということがおわかりいただけるはずです。

では、どうすれば、あなたの会社が望むときに、銀行があなたの会社にお金を貸してくれるようになるか。それを知るためには、「融資の知識」を中小企業の経営者自らが得ておく必要があります。

そうすることによって、あなたは銀行員と対等に交渉ができるようになり、あなたの会社は、融資を受けるにあたって有利になっていきます。

融資は、多くの中小企業にとって必要不可欠なテーマです。これを疎かにしたばかりに、資金繰りが立ち行かなくなってしまう中小企業が多くあります。

私は資金調達コンサルタント、事業再生コンサルタントとして、いままで３００社以上の中小企業の資金繰り相談、資金調達相談に乗ってきました。そのなかでいつも感じることは、「中小企業経営者の融資に対する知識不足」です。

中小企業は、売上を上げていかなければ会社が立ち行かなくなりますが、それとともにうまく融資を受けることができなければ、早晩資金繰りに行き詰まってしまいます。そう考えると、中小企業経営者が資金繰りの知識を持っておくことは必須なのです。資金繰りのことを疎かにする経営者ほど、早く会社を潰してしまうことになります。

本書では、資金繰りのなかでも重要なポイントである、「融資」についての知識を１００項目にまとめました。融資についての基礎知識や、銀行があなたの会社をどうやって審査するかにはじまり、融資の返済ができなくなった場合にどうすればよいかまで、融資についてのあらゆるテーマを網羅しています。

またこの本は、多くの方が読んでいただけるように執筆していますが、100社あれば100社分の悩みがあるため、個別の悩みが相談できるように、本書の読者向けに特別のホットラインを設けました。融資の悩みや資金繰りの悩みを相談したいのであれば、専用のホットライン（0120―316―071）までお電話ください。

私は8年間、地方銀行の銀行員をやってきましたが、2つの経営者のタイプを見てきました。融資交渉が手強い経営者、融資については銀行の言いなりの経営者、この2つのタイプです。融資についての知識をしっかり持っている経営者は、銀行員と対等に融資交渉ができます。その結果、銀行の言いなりになる経営者より、融資にあたってずっと有利になります。

この本を読んでいただくことにより、あなたの会社が銀行などから融資をスムーズに受けられるようになることを願ってやみません。

2007年3月

川北　英貴

中小企業経営者のための融資の基本100　目次

1章　まず、知っておくべき10のポイント
——融資を受けるにはここを押さえておこう

2章　融資にはこんな種類がある
——それぞれの特徴を知り、上手に使い分けよう

3章　融資審査はどのように行われるか
――その舞台裏を知り、対策を立てよう

4章 銀行の信用調査ではここが見られる①
——実地・側面調査のポイントと対策はこうする

5章 銀行の信用調査ではここが見られる②
——財務分析のポイントと対策はこうする

6章 融資を行う機関ごとの特徴を知る
――〝敵〟を知ることでその攻め口が見えてくる

7章　担保・保証人についてどう考えればよいか

——審査の助けにはなるが不可欠な存在ではない

8章　融資を受けるための基礎知識
——これを知っておけば銀行との交渉に役立つ

9章 融資を受ける際の資金の使い道とは
――融資目的の違いによる特徴を知り〝攻め方〟を考える

10章 もし、返済できなくなったらどうする

——「できない」ことも認めてリスケジュールなどで対応する

装　　丁　松本　桂
本文ＤＴＰ　田辺順治
本文イラスト　須山奈津希

1章

まず、知っておくべき10のポイント

――融資を受けるにはここを押さえておこう

1 融資が必要な理由を明確にしておく

中小企業にとって、売上を上げることが「攻め」とすると、資金繰りをうまく行うことは「守り」と言えます。この2つは、中小企業の経営にとって、車の両輪のようなものです。

私は、資金調達コンサルタント、財務コンサルタントとして、多くの中小企業からご相談をいただいていますが、多くの経営者が、売上を上げることにばかり目がいってしまった結果、資金繰りについては疎かになり、窮地に陥っている事例をよく見かけます。

資金繰りについての生きた知識をしっかり身につけることは、中小企業の存続においてはとても重要なことです。

資金繰りをスムーズにするためにまず第一にやるべきことは、資金繰り表をつくることです。それとともに、資金調達を上手に行うことが、とても有効となります。

本書では、中小企業経営者が知っておくべき資金調達、その代表である銀行融資の知識について解説します。

ところで、なぜあなたの会社は融資を受ける必要が出てきたのでしょうか。また、なぜいま、融資が必要なのでしょうか。そして、本当に融資が必要なのでしょうか。

あらかじめ申し上げておきますが、銀行は、融資申込み時に中小企業が銀行に伝える「融資が必要な理由」に納得しなければ融資はしません。まずは、なぜいま融資が必要なのか、そこを明確に答えられるようにしておくことです。融資の交渉はそこからはじまります。

私が中小企業の経営者から相談を受けるときに、よくこんな会話が交わされます。

私　「どのくらいの融資を受けたいのですか」

相談者「1000万円です」

私　「なぜ、融資が必要なのですか。なぜ、1000万円必要なのですか」

相談者「だいたいそれくらい足りなくなるからです」

銀行員としては、このような回答しかできない経営者だと、「この経営者は大丈夫かな?」と考えます。

1000万円が必要なのは、たとえば、こんな場合です。

・資金繰り表により来月、一時的に資金が足りなくなる金額を見越すとそれくらい必要
・1000万円の回収が3か月後にあるが、その売上を上げるための支払い（仕入・外注費など）がすぐにあるため、回収までの資金をつなぎたい
・生産能力向上のための機械設備の導入に、1000万円が必要

まずはこのように、融資が必要である理由を明確にすることが重要です。

ポイント
融資を受ける理由が明確でないと、銀行は融資をしてはくれない

2 融資を申し込む金融機関はどうやって選ぶか

いざ融資を受けたいと思っても、これまでそうした経験のない中小企業の経営者は、どうしたらよいかわからないのではないでしょうか。融資を申し込むためには、金融機関にアプローチしなければなりませんが、どんな金融機関を選択するかについては、次のように、まず事業をはじめてからの業歴で考えるのがよいでしょう。

①これから創業する会社や、創業して1期目の決算を迎えていない会社……「国民生活金融公庫」、略して「国金」にアプローチするのが基本です。国金は、そうした会社のための融資制度が最も充実しているからです。各都道府県や市区町村にも、創業者のための融資制度が用意されていますが、業歴の浅いほとんどの会社は、国金から融資を受けているのが現状です。実は、創業者が銀行から直接融資を受けられることは、ほとんどありません。

国金は全国に支店がありますから、インターネット等で近くの支店を調べ、その支店の窓口の職員に、融資を申し込むにはどうすればよいか、たずねてみましょう。

②1期の決算を迎えている会社……国金とともに、「信用保証協会」の保証を付けて銀行から融資を受けることを目指します。そうした融資は「保証付融資」と呼ばれますが、中小企業の融資の入門編と言ってもよいほどで、多くの中小企業が保証付融資を受けています。

ポイント　自社の業歴によって、融資を申し込む金融機関を選ぶのがよい

一般の方にはなじみが薄いかもしれませんが、中小企業経営者にとって、信用保証協会はとてもなじみ深いものなのです。

信用保証協会は、各都道府県に1つ以上あります。地元の信用保証協会を調べて、そこの窓口に直接相談に行くか、取引している銀行に「信用保証協会で保証を付けて融資を受けたいのだが……」と相談してみてください。

③2期以上の決算を通過している会社……国金、保証付融資とともに、多くの銀行で出している「ビジネスローン」で融資を受けることができます（業歴要件は2年以上、3年以上など、銀行によりばらつきがあります）。

ビジネスローンは、都市銀行を中心に今世紀に入ってから開発された融資商品で、企業の決算書をコンピュータに入力することで、自動的に審査されることが特徴です。この商品が開発されたおかげで、中小企業が融資を受けやすくなっています。銀行ごとに、「ビジネスセレクトローン」というように、独自の商品名を付けていますが、どこの銀行でもほとんどの場合、インターネット上に商品概要を載せていますので、参照してみてください。

融資を受けたら、返済をしっかり行って銀行からの信用を付け、通称プロパー融資と言われる、銀行が案件ごとにオーダーメードする融資が受けられるようになることを、次のステップで目指します。プロパー融資が受けられるようになれば、資金調達能力は格段にアップします。

3　金融機関へアプローチする方法は

前項で述べたように、自社の業歴によって融資の申込先はある程度決まりますが、国金、信用保証協会、銀行のそれぞれに、どんなアプローチをするのがよいのでしょうか。

金融機関にアプローチする方法には、次のようなものがあります。

・窓口に直接行く
・金融機関を紹介してくれる人を探して、その人に紹介してもらう
・金融機関側からアプローチを受ける

国金、信用保証協会にアプローチする場合は、窓口に直接行く方法を取ります。なぜなら国金、信用保証協会は、紹介者から紹介を受けてアプローチする方法を取ることはできないし、国金、信用保証協会側から、営業マンがアプローチしてくることはないからです。

というのも、一時期、「国金（もしくは信用保証協会）を紹介する」と言って、中小企業経営者と国金、信用保証協会とをつなぎ、融資が成功したら融資実行額の数十％もの手数料を取る、いわゆる「融資ブローカー」が暗躍したことがありました。融資実行額の数十％もの手数料を取られていたら、中小企業としては、一時的には資金は回っても、いずれ資金繰りは破綻します。結果として、多くの中小企業が被害に遭いました。

また、融資ブローカーの手法は、決算書を偽造するなど違法なもので、国金、信用保証協会は、偽造してよく見せかけられた決算書をもとに審査を行った結果、そうして実行された融資がすぐに貸倒れとなる事例が続出し、国金、信用保証協会も被害に遭ったのです。

こうした経緯から、紹介者を通じて国金、信用保証協会にアプローチすることはできなくなったのです。また、国金、信用保証協会は公的な機関なので、営業マンが融資の営業をすることはありません。したがって、国金、信用保証協会にアプローチする場合は、まず窓口に行きます。

次に銀行ですが、銀行は国金、信用保証協会と違って、窓口に直接行くよりも、知り合いから紹介してもらったり、銀行の営業マンからアプローチを受けるようにしたほうがよいでしょう。なぜなら、窓口を直接訪れる中小企業は、多くの銀行で融資を断られた、あるいは資金繰りが逼迫しているといったケースが多く、「窓口に直接来た中小企業は注意せよ」というのが銀行内での不文律となっているためです。

アプローチしたい銀行とすでに取引がある企業の社長や顧問税理士など、紹介者による紹介、または、アプローチしたい銀行にあらかじめ預金口座をつくるなどして、銀行の営業マンに「新規開拓先」として認識させ、営業をかけてもらうようにすることが、銀行にアプローチするよい方法です。

ポイント
融資を受ける先の違いによって、アプローチ方法を変えることが必要

4　消費者金融や商工ローンなどから融資を受けていたら

私が、多くの中小企業から相談を受けるときによくある質問に、「消費者金融や商工ローンから融資を受けているが、それでも銀行（や信用保証協会、国金など）の審査に通りますか？」というものがあります。

消費者金融や商工ローンのように、金利が10％台後半～20％台後半と高金利のところから借りていると、それほど資金繰りに困っているのか、という印象を銀行などに与えてしまいます。そのため、消費者金融や商工ローンから融資を受けていれば、銀行などから融資を受けるのは、かなり困難になるのが実情なのです。

しかし逆の見方をすると、そうした事実を銀行などに知られなければよい、とも言えます。そのためには、次のような方法が考えられます。

消費者金融や商工ローンから、融資を受けていることが銀行などに知られるケースとしては、①経営者が銀行に対して、消費者金融や商工ローンから融資を受けていることを話す、②決算書に、商工ローンから融資を受けていることが記載されている、③信用情報機関（＝どこからいくら借りているかを登録している機関。全国銀行個人信用情報センター（ＪＢＡ）、ＣＩＣ、全国信用情報センター連合会（ＦＣＢＪ）、ＣＣＢ、テラネットの５機関がある）に、消費者金融や商工ローンから融資を受けていることが登録されている、などがあります。

①の場合は、経営者が気を付ければよいわけで、②の場合も、決算書に商工ローンから融資を受けていることが記載されていなければよいことになります。

問題は③の場合ですが、実情をお話しすると、信用保証協会や国金は信用情報をチェックすることが少ないし、銀行のプロパー融資の場合でも、銀行が信用情報をチェックすることはほとんどありません。

しかし銀行のビジネスローンを申し込む場合は、信用情報は必ずチェックされるし、銀行が加盟するＪＢＡ以外の信用情報機関のデータを見ることができるような体制を整えている銀行が多いため、消費者金融や商工ローンから融資を受けていることが知られてしまうケースは、少なくありません。

もし、消費者金融や商工ローンから融資を受けていながら、銀行などから融資をうまく受けることができたとしても、それで安心するのではなく、消費者金融や商工ローンなどから借り入れた融資を早く返済できるよう、その対策を考えていくことが必要です。

ポイント
そのことで銀行などの審査が絶対に通らないわけではないが、安心するのは禁物

5　銀行にスムーズに審査してもらうテクニック

銀行は多くの企業から、たえず融資の申込みを受けています。そのため、銀行にとって重要でないと思われる顧客からの融資の申込みは、後回しやほったらかしにされがちです。融資担当の銀行員に対して、「先日申込みをした融資の件、その後どうなっていますか？」とたずね、銀行員が「現在審査中です」と答えたとしても、実際は審査のための書類さえつくられていないケースも少なくありません。私も銀行員時代、「現在審査中です」と答えてごまかしたことがよくあります。

融資を申し込んだ企業としては、一刻も早く融資を受けたい、もしくは融資を行うか行わないか、一刻でも早く結論を出してほしい、というケースが大半です。それにもかかわらず、融資を受け付けた銀行員のところでずっと書類が止まっていたら、たまったものではありません。早く結論を出してくれないと、資金が必要な日までに融資を受けることができないし、もし審査が通らなかった場合、次の資金調達手段を考えることが手遅れになってしまいます。

銀行に融資を申し込んだら、すぐにでも審査を進めてほしいものですが、銀行にスムーズに審査してもらうテクニックとしては、「借入申込書」を渡し、返答の締切を設定するというのがあります。

締切が設定されている仕事は、その締切を守るべく早く手を着けます。一方、締切のない仕事は、いつでもいいと考えて後回しにされがちです。返答の締切を設定して、しかもそれを書面として渡し、証拠として残るようにすることで、銀行員はその融資案件を優先的に進めていくのです。

信用保証協会への保証申込書や銀行のビジネスローン申込書など、所定の様式の「借入申込書」がある場合は必要事項を記入し、備考欄などに「○月○日までに返答をお願いします」と、ひと言付け加えておくようにします。また、銀行のプロパー融資など、所定の様式がない場合は、36頁のような様式で借入申込書をつくり、そこに返答の締切日を記載しておくとよいでしょう。

締切日は、2週間後ぐらいをメドにしますが、銀行から締切日をもっと後にしてほしいと言われた場合は、その場で訂正して書き直します。ただ、資金が必要な日はいつかを考えて、余裕のある締切を設定しておきましょう。また、銀行の審査も日数がかかるため、資金が必要と考えたら、なるべく早く銀行に融資の申込みに行きましょう。

そして、2日おきぐらいに、担当の銀行員に「進み具合はいかがですか？」と連絡を入れると効果的です。常に企業側から気にされると、銀行員としても仕事を進めざるを得なくなるからです。

ポイント 返答の締切を設定した書面を銀行に渡すなど、審査を早く進めざるを得ない状況をつくる

6　銀行が審査にあたって重視することを知ろう

融資の申込みを受けた銀行は、まず何を見てその可否を判断するのでしょうか？　それは決算書です。決算書の内容によって、審査が通るか否かが8割方決まります。

決算書の提出を受けた銀行は、貸借対照表の「純資産」にまず注目します。純資産は資産から負債を引いた数値ですが、純資産がマイナスだと、資産を全部お金に換えて負債を返しても負債が残ってしまう状態、いわゆる「債務超過」を示しています。債務超過の企業に対して融資をしても、その後に企業が事業をやめて清算したら、資産を全部お金に換えても負債は残ってしまうことになり、銀行は融資金額をすべて取り戻せなくなります。

つまり債務超過は、融資を受けようとするには「言語道断」ということになり、債務超過の企業は、早急にその状態から脱するようにしなければなりません。毎期黒字を積み上げていくか、増資をするなど、債務超過を解消するための対策を取る必要があります。

なお、純資産がプラスでも、実際には資産価値のないものが資産として計上されており、それらを実質的な価値で計算した総資産から、負債を引いた数値がマイナスとなる状態を「実質債務超過」と呼びます。資産価値のないものとは、倒産した会社への売掛金や、返ってくる見込みのない貸付金などのことです。銀行は、資産に計上されているものの実質的な資産価値をチェックします。実質債務超過の企業も、早急にその状態を解消する必要があります。

次に銀行が見るのは、損益計算書における「営業利益」と「経常利益」です。営業利益とは、本来の事業を行った結果得られる利益です。経常利益とは、企業が継続的な活動から得られる利益です。営業利益に支払利息など財務活動の損益を合わせたものが、経常利益となります。なお、最終的な利益は「当期利益」ですが、銀行は当期利益よりも営業利益と経常利益を重視します。なぜなら当期利益は、不動産売却で売却益や売却損が出た場合など、一時的な損益も加減しており、本業の収益力を測るには営業利益が、継続的な収益力を測るには経常利益が、当期利益よりも適しているからです。

営業利益がプラスで経常利益がマイナスの状態は、継続的な収益は赤字ということで、銀行はその企業に悪い評価をします。さらに営業利益がマイナスであれば、本業では赤字が出る企業ということで、銀行はさらに悪い評価をします。営業利益と経常利益は、銀行からスムーズに融資を受けるためには、何としてでもプラスにしなければなりません。またわずかのプラスより、大きなプラスのほうがよいのは当然です。

債務超過や実質債務超過、あるいは、営業利益・経常利益のどちらか一方でもマイナスであれば、銀行から融資を受けることは困難となります。これらは日頃の経営の結果が現われたものですので、ふだんから決算書を意識した経営を行うことが必要です。

ポイント 銀行が重視するのは決算書の内容。それによって、審査が通るか否かが8割方決まる

7 銀行間で顧客情報を交換しているか？

中小企業の経営者にありがちな勘違いに、「銀行同士は、情報ネットワークでつながっているのではないか」というものがあります。たとえば、A銀行で融資を断られた場合、その後B銀行に融資を申し込んでも、A行で融資を断られたことがB行に伝わっていて、審査が不利になるのではないかと考える経営者も少なくありません。

しかし、これは間違いです。どこの企業でもそうですが、銀行にも当然、守秘義務というものがあります。顧客との取引で知った顧客情報、銀行と顧客との融資取引状況などは、外部に漏らしてはならないのです。この場合の「外部」には当然、他の銀行も含まれており、融資を断ったという情報は、他の銀行に漏らしてはならないことになっています。実際、A行で審査が通らなくても、B行では通ったというようなケースはよくあります。

ただ、信用保証協会の保証を付けて融資を受ける場合は別です。保証付融資を申し込んだのがA行でもB行でも、保証ができるかどうかを審査するのは同じ信用保証協会となります。そのため、A行で保証付融資を断られた後、B行で保証付融資を申し込むのは意味のないことになります。

また、信用情報機関は銀行業界で共通です。銀行が信用情報機関で情報を調べるのは、ビジネスローンでの融資の場合が主ですが、たとえばある会社が融資を受けるためにA行のビジネスローンを申し込んだ場合、A行が代表者の信用情報を調べると、信用情報機関に「照会記録」が残ります。そして、A行でビジネスローンが断られた後、B行でビジネスローンを申し込むと、B行でも代表者の信用情報を調べるので、B行にビジネスローン申込みがなされる前に、別の金融機関が信用情報を調べたということがわかってしまいます。

そうなるとB行としては、「別の金融機関で融資申込みした後、B行に申込みがあったということは、別の金融機関で融資を断られたからではないか」と考えるため、審査に大きな影響が出る可能性があります。この照会記録は1年間残ります。

これらをまとめると、顧客情報や融資などの情報を銀行間で交換することはありませんが、保証付融資やビジネスローンの場合は、他の銀行で融資が断られたことがわかってしまう、ということです。

保証付融資を申し込む場合、銀行担当者の熱意によって、保証応諾してもらうことがむずかしそうだった案件が通ることもありますので、保証審査を通すために熱意を注いでくれそうな銀行担当者へ相談することをお勧めします。またビジネスローンを申し込む場合、何より情報収集が必要です。ビジネスローンを積極的に行っている銀行と消極的な銀行ははっきり分かれるため、情報収集をしておくとよいでしょう。

ポイント 顧客情報の交換は行われないが、保証付融資やビジネスローンでは情報が伝わってしまう

8 法人成りしておくと有利になる

法人成りとは、事業を行うにあたって、株式会社などの法人をつくっておくことです。法人成りしておくことによって、融資を受けることに近づくことができます。よく、個人事業主の方から融資を受けたいという相談を受けることがありますが、本気で融資を受けたいのなら、なぜあらかじめ法人成りしておかないのか、と私は思ってしまいます。それほど、融資において法人成りという意味は大きいのです。

なお、法人成りすると言っても、融資を受けたいからと融資申込み直前に法人成りするというのはいただけません。将来、自社に融資が必要になるだろうと考えたなら、その時点で法人成りしておくべきなのです。

しかし、ただ法人であればよいというものではなく、法人にしてどれだけの年月がたったか、いわゆる「業歴」も重視されます。業歴が長いほど、銀行からの信用は高くなります。業歴を長くするために、一日でも早く法人にしておくべきなのです。

また、法人にするなら、株式会社がお勧めです。法改正によって、現在は有限会社はなくなりましたが、合同会社や合資会社、合名会社、ＮＰＯなどは、融資において株式会社よりかなり不利となっています。いまは、最低資本金の要件もなくなっています。融資を受けたいのなら、あらかじめ株式会社をつくっておきましょう。

たとえば、最近の銀行の中小企業向けの融資商品であるビジネスローンは、ほとんどの銀行で「法人であること」が申込み条件の1つとなっているし、保証付融資や銀行のプロパー融資などでも、株式会社であるだけで銀行の見る目がかなり違ってきます。

私どもでは、多くの中小企業の融資のお手伝いをさせていただいていますが、個人事業主の場合は、法人の場合に比べていつも苦労しています。その経験からも、あえて「法人成りをしてください」と申し上げています。

個人事業主のままでいる方は、法人成りなどと言うと、「法人をつくるのが面倒」、「法人設立費用がもったいない」、「決算書の作成が面倒くさそう」などの理由を挙げますが、そのような姿勢が将来、融資が必要となった場合、苦労する原因となるのです。それらの手間をいとわず、法人成りして将来の融資を有利にするか、法人成りを行わず将来の融資を不利にするか、どちらを選ぶかということです。

また、法人成りすると、個人のお金と会社のお金がはっきりと区別されるとともに、決算書によって事業の成績が明確になります。さらに決算書や試算表という経営資料によって、今後の経営を上手に行うことができるようになりますから、その点でも法人成りをお勧めします。

ポイント
「法人」、しかも「株式会社」は融資を受けやすく、上手な経営にもつなげやすい

9 日頃からの銀行との付き合いは大切

日頃から会社が銀行とどういう取引を行っているかは、融資審査における検討材料の1つです。預金口座をつくり、売上入金、支払いのための振込などをその口座で日頃行っておく（＝口座を動かす）ことは、そうむずかしいことではありません。そうしたことを心がけるだけでも、あなたの会社は銀行員から注目してもらえることになります。

どこの銀行においても、企業がどのような取引を日頃行っているかがひと目でわかる資料を、内部資料として定期的に出しています。それは、銀行が企業に対して営業をかけるための参考資料で、私も銀行の営業マンだった頃、そうした資料を見て、それを参考に営業を行っていました。そして、企業に対して銀行の行う営業の代表的なものは融資です。

したがって、売上入金、振込、インターネットバンキング、手形取立、口座振替など、預金口座を日頃から動かしておくことは、銀行との関係を深めるためにはとても有効なのです。

預金口座が動いている企業は、銀行員にとっては目立つ存在であり、その企業に融資の売込みに行こうと考えるわけです。現在は融資が必要でなくても、将来に備えて預金口座を日頃から動かしておいてみてはいかがでしょうか。それをきっかけに、銀行から担当者が出入りするようになればしめたものです。

また、融資を申し込むときでなくても、毎月試算表を銀行に提出しておくことは、銀行との関係を深め、また融資申込時に融資審査をスムーズにするためにやっておいたほうがよいことです。毎月試算表を提出してくる企業に銀行は注目します。なぜなら、そのようなことを行う企業はほとんどないからです。

銀行にとって、融資を行うことによって得られる利息が最大の収益源です。企業に融資しなければ、収益を生み出すことができないのです。そのため、どこかに融資できる企業がないかをいつも探しています。毎月試算表を出してくる企業であれば、銀行員としてはその試算表を見ながら、「融資チャンスはないか」と考えます。これは、営業マンが融資を売るために、やらなければならないことなのです。

そのため、毎月試算表を出していると、「売上が伸びているので、運転資金が必要ではありませんか」とか、「受取手形が多いようですが、手形割引を行う必要はありませんか」というように、銀行からよく声がかかることになります。そうすれば、融資はかなり受けやすくなるわけです。

このように、預金口座の動きを活発にしたり、試算表を毎月提出して、日頃から銀行との取引を活発にしておくと、融資の審査において有利となります。

ポイント 預金口座の動きを活発にしたり、試算表を毎月提出することで銀行員の注目が得られる

10 銀行融資のカギを握る支店長を攻略せよ

融資には、支店長が最終決裁者となる場合と、本部の審査部や融資部の部長や課長が最終決裁者となる場合とがあります。融資を受ける企業に対して、銀行が出している融資の総額や保証協会の保証、担保の状況、融資を受ける企業の「格付」などにより、最終決裁するのが支店長なのか、本部なのかが決まります。

支店長が最終決裁する案件であれば、融資が通るも通らないも支店長しだいとなります。また、本部が最終決裁する場合であっても、支店長の意見がかなり参考にされ、支店長がやりたいと言った案件は、高い確率で審査が通ります。そのため、だれが最終決裁をするかにかかわらず、支店長を「攻略」しておくことは、融資審査を有利に進めることになります。

ただ、支店長と会うのは敷居が高いということも、一方では事実です。支店長は支店の取引先全部の相手をしなければなりませんが、銀行にとって優先順位の高い取引先が優先され、優先順位の低い取引先はなかなか支店長と会う機会がつくれない、ということになります。

なお優先順位とは、「業績や財務内容がよい取引先か」、「その銀行が出している融資の総額が大きい取引先か」などによります。業績や財務内容が優良と言えるものでなく、融資の総額が数百万～3000万円程度の優先順位が低い取引先は、銀行の担当者任せとなり、なかなか支店長に会う機会がつくれないことになります。

そのような企業が、支店長に企業の内容について深く知ってもらい、関心をもってもらうことができれば、それだけ融資審査は有利になります。企業の実態がわからないことは、融資審査に通らない大きな要因であり、支店長にあなたの会社について理解してもらうことが、スムーズに融資を受けるために重要なことになります。

そのためには、何よりも支店長に会う機会をつくらなければなりません。最もよい方法は「決算説明」です。決算説明とは、決算書ができたら銀行を訪問し、決算書の内容について説明することです。中小企業であれば当然、経営者が銀行を訪問するべきです。また銀行側も、決算説明では支店長が出てくることが通常です。決算説明は1年に1回のことですが、銀行と企業との関係において、最も重要な行事と言えます。銀行が、企業の内容について知るための一番の機会だからです。

そこで、経営者が支店長に対して決算書を説明するとともに、自社についていろいろアピールしてみてはいかがでしょうか。それだけでも、支店長があなたの会社に対して抱く印象はよくなり、今後の融資審査において有利になります。なお、支店長に確実に会えるように、あらかじめ「決算説明をしたいので、支店長とアポイントを取ってほしい」と、銀行の担当者に伝えておきましょう。

ポイント

「決算説明」などを利用して、自社のことを支店長に知ってもらうことは有効

「借入申込書」のサンプル

平成○○年○○月○○日

○○銀行○○支店
支店長　○○　○○　様

株式会社　○○○○
代表取締役　○○○○

融資の申込みについて

貴行におかれましては、益々ご清栄のこととお慶び申し上げます。

この度、弊社では設備資金が必要となったため、貴行に融資の申込みをさせていただきたいと存じます。ご検討のほど、何卒よろしくお願い申し上げます。

なお融資の可否について、○月○日までにお知らせいただけるよう、よろしくお願い申し上げます。

記

・融資希望日　　：○月○日
・融資希望金額　：○○○○万円
・融資希望形式　：証書借入
・融資希望期間　：○年
・返済方法　　　：毎月元金均等返済

・資金の使い道

弊社の製品○○の製造効率化のために、○○○○という設備を導入したく、設備資金として融資申込みさせていただきます。見積りは別紙参照お願いします。この設備の導入により、納期の○日の短縮、製造コストの○○%圧縮が実現でき、その効果は弊社に年間○○円の利益増加をもたらすことが予想されます。

・業績見通し

平成○○年○月決算は、既存の得意先への売上が○%程度減少するものの、新規得意先として○○と△△への売上が年間1,500万円加わり、全体では売上4億5,000万円となり、前期比若干の売上増加見込みです。また経常利益は人員を2名減らしたことが寄与し、前期比10%の増益を見込んでいます。

以上

2章

融資にはこんな種類がある

——それぞれの特徴を知り、上手に使い分けよう

11 「金銭消費貸借契約書」に基づく「証書貸付」

融資を受ける際、「金銭消費貸借契約書」という書類に、融資金額、金利、期間、返済方法などを記入して、企業の署名判・実印を捺印し、さらに連帯保証人の署名・捺印をしたうえで、その契約書を銀行に差し入れて融資を受ける方法が「証書貸付」です。主に長期（1年超）の返済期間での融資を受ける際に使われる方法です。

返済方法としては、「元金均等返済」という方法がよく取られます。これは、毎月同じ金額を返済していく方法で、たとえば、企業が3000万円を期間5年で借り入れた場合、《3000万円÷5年（60か月）＝毎月50万円の返済》というように、毎月の返済金額が計算され、そこに利息が上乗せされます。

返済間隔は毎月ではなく、「3か月ごと」「半年ごと」、あるいは「最終日に一括返済」というように返済方法を取り決める場合もあります。また、「1年据置後返済開始」というように、最初のうちは返済を行わずに有効に使える資金を残していく、という方法もあります。しかし一括返済や、返済間隔が長い返済、据置期間がある返済などの場合は、毎月返済する形に比べて遅いペースで返済が進むため、銀行にとってはリスクが大きく避けたいのが本音です。

証書貸付の融資は、長期運転資金、設備資金などに使われます。運転資金では、普通は短期（1年以内）の返済期間が設定されますが、1年を超える返済期間であれば、資金繰りがラクになるため、長期運転資金として証書貸付がなされることが多いのです。

また、設備資金も多くの場合、証書貸付の形で行われます。建物・機械などの設備は、いったん導入すると、長い期間にわたって使用されます。設備を使って製品・商品を生産・販売することにより、企業は利益を上げることができます。設備の導入は長期間にわたって効果が出てくるのに、設備資金を短期（1年以内）の返済期間で借りると、資金繰りが忙しくなる原因となるため、設備資金として受けた融資は、通常は長期間にわたって返済が行われます。そのため、証書貸付という形が取られるのです。

証書貸付は返済期間が長いため、銀行にとってリスクが高く、審査はそれだけ厳しくなりますが、信用保証協会保証付融資、ビジネスローンでの証書貸付なら、審査は通りやすくなります。

証書貸付を行う際に交わす「金銭消費貸借契約書」ですが、そこには銀行と融資を受ける企業間の決め事である「条項」が細かく書かれてあります。「金銭消費貸借契約書」は銀行に差し入れる形であるため、いったん差し入れすると、企業としてはなかなかその条項を読むことはできません。万一に備え、銀行からコピーをもらっておくとよいでしょう。

ポイント
返済期間が長期で銀行のリスクが大きいため、審査は厳しくなりがち

12 借入用の手形を銀行に差し入れて行われる「手形貸付」

借入用の手形を、銀行に差し入れて融資を受ける方法が「手形貸付」です。その手形は銀行が受取人で、銀行名は最初から印刷されています。融資を受ける企業だけが署名・捺印を行うため、その手形は「単名手形」とも呼ばれ、主に1年以内の短期間で返済する融資を受ける際に利用されます。融資についての取決めは、借入用の手形を差し入れるにあたって事前に銀行に差し入れておく、「銀行取引約定書」という契約書に記載されます。

証書貸付のように、融資を受けるごとにいちいち連帯保証人の署名・捺印と印鑑証明書を求められることがなく、借入用の手形に会社の署名判と実印を捺印すればすぐに融資を受けることができる方法であるため、手続きはとても簡単です。

手形貸付の返済方法には、「分割返済」と「一括返済」があります。「分割返済」の場合は、「1か月ごとの返済」「3か月ごとの返済」というように、銀行に対して資金繰りに合わせた返済方法の希望を伝えます。たとえば、ある商品を一括で仕入れるために融資を受けるが、その商品は今後6か月ですべて売れることを見込んでいるため、「6か月分割で1か月ごとに返済し、6か月で完済する」というように取り決められます。

「一括返済」は、「経常運転資金」、「つなぎ資金」の融資を受ける場合によく使われる返済方法です。

「経常運転資金」とは、「企業が商品代金等の決済において、立て替えている金額」のことで、（売掛金＋受取手形＋棚卸資産）－（買掛金＋支払手形）という計算式で計算される商売上の裏づけがある資金です。経常運転資金の場合は、事業が継続している限り常に必要となるものであり、1年後に一括返済するように取り決められても、返済の原資がないため、一括返済の日が来たら同額で借り換えるというように、事業が継続する限り融資が行われることが多いのです。

「つなぎ資金」とは、建設業を営む企業などでよく使われるもので、たとえば「3か月後に代金回収できるから3か月間融資する」というように、売上代金の回収が確実である場合によく行われる融資です。

このように、手形貸付は運転資金の融資のためによく行われます。設備資金で返済期間を1年以内として融資を受けると、資金繰りがたいへんになるため、設備資金の融資を手形貸付の形で行われることは滅多にありません。

銀行としては、返済期間が1年を超える長期の融資より、返済期間が1年以内の短期の融資のほうが返済期間は短いため、その分早く返済がなされ、貸倒れリスクが少ないため、その意味で手形貸付は取り組みやすい融資の方法と言えます。

ポイント
手続きは簡単で使いやすく、銀行側もリスクが少ないため取り組みやすい融資方法

13 企業が取得した受取手形を銀行が買い取る「手形割引」

企業が売上を上げ、その代金回収方法として取得した受取手形を、銀行が買い取ることによって資金が出される融資方法が「手形割引」です。商売上で受け取った手形を割引するため、「商業手形割引」と呼ぶこともあります。

手形割引は融資の方法の1つですが、貸借対照表の借入金勘定には入らないため、借入金勘定の金額を大きくすることがなく、決算書の財務内容をよくするという効果があります。また、手形割引を行った銀行が、その手形を期日に取り立てることによって決済となるため、企業は返済を行う必要がないというメリットもあります。

銀行としても、手形割引の方法で出した融資は、買い取った手形の取立によって返済してもらうことができるため、他の融資の方法よりリスクが少なく、実行しやすい方法です。手形の買取りといっても、実際は手形を担保に企業に融資するという形ですから、普通の融資取引と何ら変わりありません。

もし、手形割引を行った手形が不渡りとなった場合、割引を依頼した企業は、銀行に対して買戻し義務があります。そのことは、手形割引を開始する前に銀行に差し入れる、「銀行取引約定書」の規定に書かれています。割引を依頼した企業に買戻し能力がなければ、貸倒れとなってしまいますから、銀行は手形割引を開始するにあたって、その企業に買戻し能力があるかどうかを審査します。

具体的には、企業の業況が見られます。その他、銀行に積んである定期預金・定期積金、担保の価値などを見て、総合的に買戻し能力を判断します。

そこで買戻し能力があると判断された企業は、銀行と手形割引の取引を開始することができます。最初のうちは、手形割引を申し込むたびに審査されるのが通常ですが、そこで銀行に対して信用を付けていけば、あらかじめこれだけはいつでも手形割引できるという、「手形割引の極度額」を設定してくれます。

たとえば、極度額3000万円で銀行の審査が通れば、3000万円までは自由に手形割引できるようになります。しかし、その極度額の範囲内でも、手形の支払人の信用などによっては手形割引できない場合もあります。極度額が設定されていると、いつでもその枠内で手形割引ができるため、企業にとっては心強いでしょう。

割引する手形の支払人の業況などによっては、その手形が不渡りになる確率が高いなど、銀行にとってリスクがあります。そのため、手形の支払人の業況なども審査されることがあります。審査内容によっては、「割引する手形のなかにはこの手形を含めないでほしい」と銀行から言われることもあります。

ポイント
決算書の財務内容をよく見せる効果や、審査が通りやすいなどのメリットがある

14 極度額内で自由に融資を受けたり返済したりできる「当座貸越」

融資の極度額を設定し、その極度額までは自由に融資を受けたり返済できるという融資方法が「当座貸越」です。たとえば、極度額が2000万円ならば、2000万円まではいつでも自由に銀行から融資を受けたり、好きなときに返済したりすることができます。

当座貸越には2つの方法があります。それは、「専用当座貸越」と「一般当座貸越」で、その違いは、当座預金に連動するか否かにあります。専用当座貸越は当座預金に連動しませんが、一般当座貸越は当座預金に連動します。

専用当座貸越は当座預金に連動しないため、その銀行に当座預金がなくても、この方法で融資を受けることができます。

たとえば、専用当座貸越の極度額を3000万円に設定したとします。そして、「買掛金の支払資金が足りないから、500万円借りる」とか、「売上の入金があって資金が潤沢だから、500万円返済する」というように、企業の資金繰りによって臨機応変に借りたり返したりすることができます。

また、専用当座貸越の極度額内で融資を受けるには、①銀行に借入申込書を提出する、②専用のキャッシュカードをつくってATMで現金を引き出す、などの方法があります。

一方、一般当座貸越は当座預金に連動するため、その銀行に当座預金があるときに、それと一般当座貸越とをセットで考えます。当座預金の残高が不足した場合には、自動的に貸越となり、それがいくらまで可能なのかが一般当座貸越の極度額ということになります。

たとえば、一般当座貸越の極度額が2000万円に設定されたとします。もし当座預金の残高が300万円あり、1000万円の支払手形決済があった場合、マイナス700万円となりますが、極度額の2000万円までは、自動的に貸越となります。

この場合、一般当座貸越の極度額が設定されていなければ、支払手形は不渡りとなりますが、極度額を設定しているためそうはなりません。また、当座預金と一般当座貸越とは連動するため、当座預金がマイナスとなれば自動的に当座貸越で融資を受けるという形になり、借入申込書の提出などは必要ありません。

当座貸越は当然、銀行と契約していなければ融資を受けることはできません。当座貸越は、証書貸付や手形貸付のように決まった返済日がなく、借りっぱなしにすることもできてしまうため、銀行融資のなかで最も審査が厳しい融資方法と言われています。そのため、当座貸越はよほどの優良企業か、不動産などの担保がなければ受けることはできません。

また、カードローンも、極度額を設定して、そのなかでいつでも融資を受けることができるため、当座貸越の範囲に入ります。

ポイント
決まった返済日がなく借りっぱなしにもできるため、銀行融資のなかで最も審査が厳しい

15　4種類の融資方法のどれを使うか

ここまで述べたように、銀行にはさまざまな融資の方法があります。それらの融資の方法にはそれぞれよい点と悪い点があり、それを使い分けることが、銀行と上手に付き合うコツとなります。

まずは、それぞれの融資方法の審査の厳しさの違いについてですが、銀行が審査を通しやすい順番に並べると、①手形割引、②手形貸付、③証書貸付、④当座貸越となります。

なぜ、手形割引が最も審査を通しやすいかというと、割引した手形の支払期日が来たとき、銀行は手形の支払人に取り立てることによって回収でき、手形割引をした企業から返済してもらわなくてすむからです。つまり、その企業が資金繰りに困って返済できなくても、割引した手形の取立によって資金を回収できるため、銀行としては審査を通しやすいのです。

手形割引の次は、1年以内の短期間で返済する方法である手形貸付です。返済期間が長いほど、銀行としては貸倒れの確率が高くなるため、返済期間の短い手形貸付は、審査が通しやすいということになります。

当座貸越は、契約している間は、融資を受けたり返済したりするのが、極度額内で企業が自由にできます。そのため、もし企業の業績が悪くなって銀行が返済してほしいと考えても、企業が返済してくれないと、銀行は資金を回収することはできませんから、銀行は当座貸越の審査を最も厳しくするのです。手形貸付や証書貸付では、銀行と企業との間で決められた返済日があり、銀行としては必ず返済してもらうことができますが、当座貸越には、そのような返済日の取決めがありません。

そう考えてくると、自社の業績に自信があれば、銀行と取引開始するとき、まずは当座貸越を要求してみることもよいでしょう。当座貸越は、融資を受けたり返済したりが自由にできるため、4種類の融資方法のなかで、企業にとって最も使い勝手のよい方法です。

また、手形割引は4種類の融資方法のなかで最も審査を通しやすいものです。新しい銀行に融資の実績をつくっていきたい場合、手形での売上代金回収を多く行う企業であれば、手形割引を依頼することによってそれが可能になります。手形を受け取ることがほとんどない企業であれば、手形貸付から融資の実績をつくっていくことができます。

ただ、手形割引や手形貸付に比べ、後に述べる信用保証協会保証付融資は、銀行へ実績をつくっていくには最も取り組みやすい融資と言えます。

このように、4種類の融資方法はそれぞれ審査の厳しさ、使い勝手のよさ、返済の方法など、タイプが異なっています。それぞれの特徴を把握し、銀行とどう付き合っていくかを考えていくことが、これからの経営者、財務経理などの銀行担当者には求められます。

ポイント
審査の厳しさ、使い勝手のよさ、返済の方法など、その特徴を把握することが大事

16 信用保証協会から保証を受ける「保証付融資」

企業が銀行から融資を受けるにあたって、保証人となって融資を容易にし、企業の育成を金融の面から支援してくれる機関に「信用保証協会」があります。

信用保証協会は、全国47都道府県に必ず1つ以上はあります。企業の規模が小さい、あるいは担保がない等、銀行から融資を受けることがむずかしい場合、融資の保証を信用保証協会に依頼することで融資が受けやすくなります。銀行としては、信用保証協会の保証が付いている融資なら、もし融資先企業が倒産しても、信用保証協会から代わりの返済（代位弁済）があるため、安心して融資を実行することができるのです。

企業が成長して信用力を付け、通常の融資（プロパー融資）を受けることができるようになるまでは、信用保証協会の保証を付けることが一般的です。

また、国や県、市が定型の融資の制度（制度融資）を設定し、その制度融資に信用保証協会の保証を付けることも行われています。制度融資による融資は金利が低く、固定金利であることが特徴で、金利面でメリットがあります。

さらに、信用保証協会の保証を付けた融資は、銀行からプロパー融資を受けるよりも、返済期間を長くすることが可能という特徴もあります。返済期間が長ければ長いほど貸倒れのリスクが増すため、銀行はできるだけ返済期間を短くしようとしますが、信用保証協会の保証があればこの限りではありません。5～7年、あるいはもっと長い融資も可能です。このことも、信用保証協会の保証付融資を利用するメリットの1つでしょう。

信用保証協会は便利なものですが、あまりに依存するのも考えものです。銀行からの融資は、信用保証協会の保証がないプロパー融資が理想で、信用保証協会を利用しなければ銀行から融資を受けられないということは、まだまだ信用力がないということです。

信用保証協会が利用できる企業には、一定の条件があります（次項参照）。しかし、いつまでも信用保証協会に頼るのではなく、信用力を付けていって、信用保証協会の保証を付けなくても銀行から融資が受けられるようにしたいところです。

信用保証協会も、保証した融資が貸倒れとなって銀行に代位弁済を行うと、それだけ損失を出してしまうことになるため、保証を依頼された融資に対して審査を行います。

銀行では、多くの企業に対して信用保証協会の保証付融資を行っていますが、これまで取引のない企業が融資の申込みをしてきた場合、地方銀行、信用金庫などでは、まず保証付融資から勧めることが少なくありません。新規の融資取引に銀行は慎重であり、まずは貸倒れリスクのない保証付融資からはじめるのが基本となっているのです。

ポイント
利用しやすくメリットも多いが、信用力を付けるまでのものと考えるべき

17 信用保証協会の「保証付融資」を利用するには

それでは、信用保証協会からの保証を受けたい場合、どこで申し込めばよいのでしょうか。一般的には、①銀行に直接申し込む、②信用保証協会に直接申し込む、③市役所等へ申し込むという3つの方法がありますが、ほとんどの場合は、銀行への直接申込みとなります。

そして、企業規模、所在地、業種について次の要件をすべて満たしていれば、信用保証協会を利用することができます。

⑴ **企業規模**…別表の資本金要件・従業員要件のいずれか一方に該当していること。表の業種のなかでも、特定の業種に対して要件が緩和されることもあります。

⑵ **所在地**…各地方の信用保証協会の管轄地内に、法人の場合は本店または事業所のいずれか、個人事業者の場合は住居または事業所のいずれかを有し、事業を営んでいること。

⑶ **業種**…一般でいう商工業のほとんど。ただし、農林・漁業、遊興娯楽業のうち風俗関連営業、金融業、宗教法人、非営利団体（NPOを含む）、中間法人等、その他、信用保証協会が支援するのはむずかしいと判断した場合には、利用することができません。なお、許認可や届出等を必要とする業種を営んでいる場合は、当該事業に係る許認可等を受けているこ

信用保証協会を利用するための要件

	資本金	従業員
製造業等	3億円以下	300人以下
卸売業	1億円以下	100人以下
サービス業	5000万円以下	100人以下
小売業	5000万円以下	50人以下
医療法人等	—	300人以下

とが必要です。

これらの要件については、変更されることがありますので、詳細については、それぞれの地域の信用保証協会や銀行に問い合わせてみたり、ホームページで調べてみるとよいでしょう。

また、信用保証協会の保証が受けられる融資は、企業がその事業を行うのに必要な「事業資金」に限られ、次の場合には受けることができません。ただし場合によっては、保証が受けられることもあるため、銀行などに問い合わせてみることが必要です。

・旧債振替資金

銀行が、信用保証協会の保証付融資の全部または一部を、その銀行の融資の返済にあてる場合です。

・事業資金以外の資金

子供の学費、自宅部分に係る増改築資金など、事業資金以外に使う場合です。

ポイント　企業規模、所在地、業種についての要件を満たしたうえで、事業資金に限られる

18 「プロパー融資」は銀行が固有に行う融資

信用保証協会の保証がない融資は、「プロパー融資」と言われます。「本来の、固有の」という意味である英語のproper（プロパー）から、銀行が固有に行う融資のことを示しています。銀行内では、普通に「保証付融資」とか「プロパー融資」という言葉が飛び交っていますし、企業の経営者、財務経理等の銀行担当者にもこの言葉を知っている方が多く、銀行員との会話ではよく使われます。

プロパー融資は、信用保証協会の保証がないため、銀行としては貸倒れリスクがあります。そのため銀行は、代表者以外の保証人や、不動産などの担保を要求してくることが少なくありません。またプロパー融資は、銀行による審査が厳しくなされます。

新規で融資を受けようとする企業にプロパー融資を行うことは、銀行としてはリスクが高くなるため、銀行は保証付融資を勧めます。そこで、最初は保証付の融資を受け、返済実績を付けていってプロパー融資を受けられるようにしていくのが、企業にとってのセオリーとなります。また、プロパー融資を行うにしても、まず最初は6か月や1年といった短期間で返済される融資から行うのが、銀行のやり方です。

保証付融資だけしか受けられない企業が、プロパー融資を受けられるようにしていくには、まずは「賞与資金」や「納税資金」など、使い道がはっきりしていて返済期間が短い（賞与・納税は6か月に1回あるのが普通ですから、賞与資金・納税資金は6か月の返済期間が設定されるのが普通）融資をプロパー融資で申し込んで実績をつくっていくことが、銀行への信用を付けていく方法の1つです。

プロパー融資は、企業の業績、融資金額、返済期間、保全（貸倒れのリスクをカバーする担保等）の有無などにより、支店長が審査の最終決裁者になるか、本部の部長が最終決裁者になるか、あるいは銀行の役員が最終決裁者になるかが決まります。

プロパー融資でも、担保を銀行に差し出すのであれば、融資を受けられる金額がそれだけ多くなります。たとえば、時価1億円の不動産を担保として銀行に差し入れれば、企業が倒産してもその担保を競売して回収することができるため、1億円近くまで融資を受ける力が高まることになります。しかし担保があるからといって、必ず融資が受けられるわけではなく、競売手続きなど銀行にとってのコストもかかるため、審査においては企業の業績がより重視されることになります。

また、次項で説明する「ビジネスローン」も、保証会社の保証が付かない形であればプロパー融資の一種となりますが、最近ではビジネスローンの形で銀行からプロパー融資が受けやすくなっています。

ポイント 銀行による審査が厳しいため、銀行への信用を付けてからでないと受けるのがむずかしい

19 コンピュータで審査される「ビジネスローン」

融資を申し込んできた企業の決算書を、2～3期分コンピュータに入力すると、それが分析され、融資ができるかどうか、もし融資できる場合、金額はいくらまでか、返済期間は何年までか、金利は何％かなど、融資の条件が自動的に判定され、その条件を企業が受け入れることによって実行される融資のことを、「ビジネスローン」と言います。

ビジネスローンはプロパー融資の一種ですが、その特徴は審査が早いことにあります。なぜなら、コンピュータが銀行員の代わりに、融資ができるかどうか、融資の条件をどうするかを判定するため、結果が出るのが早いのです。

ビジネスローンは、「デフォルト率」という考えに基づいています。デフォルト率とは、企業の倒産確率のことです。ビジネスローンのコンピュータ審査では、決算書の分析により企業に点数を付け、その点数によってデフォルト率を判定します。そして、デフォルト率の数値が近い企業をひとまとめにし、たとえばある企業群のデフォルト率が３・５％前後であったとしたら、その企業群の企業に３・５％より高い金利を適用します。

つまり、もしその企業群全体で１００億円の融資があったとしたら、３・５億円の貸倒れとなることが予測されるため、３・５％を超える金利による融資を実行することで、銀行は

ビジネスローンを受けられる条件の例

・利用可能な企業
業歴2年以上、最新決算期において債務超過でない、税金の未納がないこと等

・ローンの使い道
運転資金、設備資金

・借入上限金額
5,000万円まで

・借入利率
3.00%以上（変動金利・審査結果に応じて適用金利が決定される）

・担保、保証人
担保は期間3年以内の場合不要。保証人は第三者保証人不要

損失を出さないという考え方をするわけです。

ビジネスローンを受けられる条件は、銀行によってまちまちですが、ある都市銀行の場合、上のように決められています。

この条件例を見ると、利用可能な企業は「最新決算期において債務超過でない」企業となっています。つまり債務超過でなければ、赤字を出していてもかまわないのです。ビジネスローンはデフォルト率の考えに基づいたものですから、銀行はある程度の貸倒れは見込んでいます。貸倒れの金額より多くの金利を稼げればよいという考え方であるため、通常の融資より借りやすいのです。

また、ノンバンクの保証を付けたビジネスローンも多くあります。この場合は、保証会社となるノンバンクが審査を行うことになります。

ポイント
債務超過でなければ赤字でもよいなど、通常の銀行融資より借りやすい

20 政府系金融機関による「公的融資」

政府系金融機関による融資のことを、「公的融資」と言います。

銀行は民間企業であるため、利益を上げることを第一の目的としています。いかに少ないリスクで大きく儲けるかを考えて行動しているため、企業を、融資ができるところとそうでないところにはっきりと分け、融資ができない企業を銀行は相手にしてくれません。

一方、政府系金融機関は、利益を上げることが第一の目的ではありません。企業の育成のために金融面から支援を行い、その結果、経済を活性化させることが使命なのです。このような使命があるため、政府系金融機関は、銀行よりリスクを多く取ります。銀行が融資できないとされた企業も、政府系金融機関からなら融資が受けられることが少なくありません。

また、利益を上げることを目的としないということは、儲けも多くなくてよいということです。そのため政府系金融機関は、全般的に銀行より金利が低いのです。

しかし、政府系金融機関にもデメリットがあります。支店が少ないこと、また1つの支店がたくさんの企業を受け持つため、それぞれの企業に親身になって対応することがむずかしいことです。そのため、融資が受けやすいからと言って、政府系金融機関だけから融資を受けるのではなく、将来、銀行からも融資を受けることができるように、銀行からも融資を受けて実績を付けていき、銀行とのパイプを太くしていったほうがよいでしょう。

日本にはいろいろな政府系金融機関がありますが、一般的に利用されることが多い政府系金融機関は3つあり、それぞれの特徴は次のようになっています。

・国民生活金融公庫……小規模企業や自営業向け融資の取扱いが多い。開業資金や創業資金のラインナップが充実している。略して「国金」と呼ばれる。

・中小企業金融公庫……設備資金等、金額が大きく期間が長い融資の取扱いが多い。

・商工組合中央金庫……「国金」より大きな規模の中小企業向け融資の取扱いが多い。

このなかで、一番敷居が低いのは国民生活金融公庫です。まずは国民生活金融公庫から融資を受けることを目指してみてはいかがでしょうか。また、これから事業をはじめる方は、迷わず一度は国民生活金融公庫の窓口に行ってみましょう。新規開業ローン、女性・若者・シニア起業家資金という融資制度があり、新規開業者の資金調達にとってとても役立ちます。

新規開業者でなくても、他にもいろいろな融資制度が用意されています。国民生活金融公庫の窓口に直接出向くか、ホームページで調べてみてはいかがでしょうか。

また、担保がある方は、中小企業金融公庫、商工組合中央金庫の活用を考えてみるとよいでしょう。

※ 国民生活金融公庫・中小企業金融公庫は2008年10月、「日本政策金融公庫」として統合。商工組合中央金庫とともに、2008年10月から5年～7年かけて完全民営化されることになっている。

ポイント
企業の育成・支援を目的とするため借りやすく、銀行より金利が低いことが多い

融資の4つの方法の比較

	特　　徴	使われ方	審査の難易度
証書貸付	「金銭消費貸借契約書」を銀行に差し入れて融資を受ける	主に返済期間１年超の融資で行われる	やや高い
手形貸付	借入用手形を銀行に差し入れて融資を受ける	主に返済期間１年以内の融資で行われる	中
手形割引	受取手形を銀行が買い取る形で融資が行われる	受取手形を早期に資金化するために行われる	やや低い
当座貸越	融資の極度額が設定され、そのなかで自由に借りたり返したりできる	企業の資金繰りに柔軟に対応することができる	高い

3章

融資審査はどのように行われるか

——その舞台裏を知り、対策を立てよう

21 銀行が重視する融資の原則とは①

銀行員が、融資業務を覚えるにあたって、まず最初に上司や先輩から徹底的に教え込まれるのは、融資の5原則というものです。

融資の5原則とは、次のとおりです。

(1) 安全性の原則
(2) 収益性の原則
(3) 公共性の原則
(4) 成長性の原則
(5) 流動性の原則

融資審査は、この5原則を判断基準として行われます。

そのため中小企業経営者としては、この5原則を頭に入れておくだけでも、どのようにしたら融資審査を通しやすくなるかがわかるようになります。

では、これら融資の5原則の意味について説明していきます。

(1) 安全性の原則

この原則は、他の4つの原則よりも優先される最も重要な原則です。銀行にとっての安全性というのは、融資した資金が確実に回収されるということです。銀行が融資する資金は、預金者から預かったものであって、銀行が所有しているものではありません。だからこそこの安全性の原則は、銀行として最優先されるのです。

融資の借り主は、自己破産などの法的整理、私的整理、もしくは夜逃げなど、借入を踏み倒す手段を持っているため、そうならないように、銀行は慎重に融資審査を行わなければなりません。

(2) 収益性の原則

銀行は、公共性が高い存在ではあるものの、一方では利益を追求する私企業です。利益を上げることができなければ、従業員の給料、税金の支払い、株主への配当などの支払いはできません。また、利益の残りを貯めていくことが、将来の銀行の経営を安定させることにつながります。そのため銀行は、企業に融資を行うことによって収益が確保できるように、収益性の原則に基づいて融資審査を行うのです。

銀行が融資において収益を高めるには、①融資金額を大きくする、②融資利率を高くする、③貸倒れの確率が高い融資は避ける、という3つの方法があります。

この収益性の原則も、他の4つの原則とのバランスを保ったうえで、融資審査の判断基準の1つとされます。

ポイント
銀行が行う融資審査の判断基準を知れば、いろいろな対策を打つことができる

22 銀行が重視する融資の原則とは②

(3) 公共性の原則

銀行は預金者から預かった資金で融資を行っているため、そのような資金を反社会的な団体などに融資することは、大きな問題となります。

また、銀行の融資は経済に大きな影響を与えることになるため、そのような点からも、融資審査において銀行は、公共性の原則を判断基準の1つとして考えます。

(4) 成長性の原則

成長性の原則とは、融資した資金が融資先企業の成長に結びつくかどうか、ということです。融資先企業が成長すると、それに伴って銀行も成長します。つまり、銀行が融資を行うことによって企業が利益を上げ、その利益の一部が利息として銀行に還元されることになり、その結果、銀行も成長することになるのです。

そのため、企業の成長に貢献できるような融資ができるかどうかは、融資審査におけるポイントの1つとして重視されます。成長に貢献するものではない、たとえば赤字を埋めるための融資などについては、審査が厳しくなります。

(5) 流動性の原則

・流動性の原則とは、銀行として、返済期間が長期の融資より短期の融資を繰り返したほうがよい、という原則です。

返済期間が長期間の融資より、短期間の融資のほうが貸倒れとなる確率は低くなります。たとえば、返済期間10年の融資と1年の融資とを比較した場合、10年間の返済であればその間、企業が倒産するなど融資が貸倒れとなるリスクを負わなければなりませんが、1年間の返済であれば、それが1年間だけですむからです。また返済期間が1年間である場合、完済した企業が再度、融資を申し込んでも、そのときの企業の業況などにより、銀行は再度融資を行うことも、融資を拒むこともできます。このように、返済期間が長期間である融資よりも、短期間である融資のほうが、銀行としては安全性が高いのです。

銀行の融資審査のセオリーとして、ある企業に対してはじめての融資を行う場合、できるだけ返済期間を短期間にするというものがあります。返済期間3年、5年などで申し込んでも、銀行からの回答が1年というのは、よくあることです。

しかし、返済期間を短くされたからその融資は受けないというのではなく、それはその銀行との初めての融資ということで割り切って融資を受けることで、その後の返済実績によって銀行との信頼関係を高めることができます。その結果、次に融資を受けるときは返済期間を長くしてもらえる場合も少なくありません。

ポイント 最初の融資で返済期間を短縮されても、銀行との信頼関係を高めるのに利用することも可能

23 融資審査で銀行が重点を置くことは

銀行が融資審査を行うときには、①どのようなことに使うのか、②どのようにして返済するのか、③返済できなくなった場合の備えはどうするか、の3つのことに重点を置きます。

融資した資金をどう使うのかは、融資申込みの受付時に必ず聞かれることです。企業側としては、「銀行は企業を信じて融資を行ったのだから、いったん融資されたならば、それをどう使おうがかまわないだろう」と考えがちですが、銀行の考え方はそうではありません。企業を信用することもそうですが、それとともに、融資した資金を企業がどのようなことに使うのか、その使い道も審査したうえで融資しているのです。

融資申込み時に銀行に伝えた資金の使い道と、実際が異なることが銀行にわかってしまったら、銀行との信頼関係は一気に崩れてしまいます。たとえば、機械設備購入のために銀行が行った融資が、仕入の支払いのためとか、社長の遊興費などに使われたりすれば、大問題となります。設備資金の名目で融資を受けた場合は、支払った領収書を銀行から要求されたり、実際の設備を銀行員が確認しに来たりするのが通常です。

また、融資した資金がどのように返済されるかも、融資審査にあたって銀行は重視します。

なぜなら、預金者から預かった大切なお金を融資して返ってこなければ、貸倒れとして銀行の損失となるし、預かったお金を預金者へ返すためのお金がなくなってしまうからです。

利益がしっかり出ている企業なら、その利益から返済がなされると銀行としては判断できるし、売上代金回収までの一時的なつなぎ資金として融資された資金であれば、○か月後に売上代金が回収される約束となっている、といった内容の販売先との契約書などを銀行に示すことにより、どのように返済されるのかを銀行が確認することができます。融資された資金をどのようにして返済するのか、融資申込み時に銀行にしっかり説明できると、銀行としては心強いでしょう。

それでも、融資した後に業績が悪化したり、入金予定だったお金が入金されなかった場合など、返済するための資金の確保ができなくなってしまうことがあります。そのために、返済できなくなった場合の備えをどうするのか、融資審査にあたっていつも銀行は考えています。

返済できなくなった場合の備えとしては、担保や保証人があります。逆に考えると、不動産などの担保があれば、業績が多少よくなくても、万一のときでも大丈夫と考えて銀行は融資することもあります。

ポイント
資金を何に使い、どうやって返済するか、返済できないときの備えはどうかが審査の重点

24 融資の受付はどうやって行われるか

企業が銀行に対して融資申込みを行う場合、銀行が担当者を付けている企業であればその担当者、そうでない企業であれば銀行の融資係が窓口となります。

信用保証協会の保証付融資、定型商品であるビジネスローンなど、申込書が制定されているものであれば、その申込書に必要事項を記入して提出することにより、融資申込みをすることができます。

普通のプロパー融資（信用保証協会や保証会社などの保証が付いていない、銀行がリスクを背負って融資されるもの。ビジネスローンで保証会社の保証が付かないものもプロパー融資の部類に入るが、ここでは除く）を申し込む場合は、制定された申込書がないため、銀行に直接、融資を受けたい意向を伝えて融資申込みを行います。

しかし、私はそのような場合でも、融資申込みの意思を口頭で伝えるのではなく、「融資申込書」のような題名で、書面で申込みを行うことをお勧めします。そこに「希望金額」「融資実行希望日」「希望返済期間」「希望返済方法（一括返済・分割返済など）」「資金の使い道」などを記載しておいたほうが、銀行に企業の明確な意思が伝わることになり、銀行はいい加減な審査ができなくなるからです。

当該企業の担当者か融資係が受け付けるが、「申込書」などの書面で申し込むほうがよい

融資申込みにあたっては、申込書に加えて必要書類を提出します。「決算書（3期分要求される場合が多い）」「試算表」「納税証明書」「会社概要」「資金繰り表」など、銀行が要求してくるものを提出します。銀行が要求してこなくても、自社をアピールできる資料（事業計画書やマスコミ掲載時の記事など）があれば提出しておいたほうがよいでしょう。

企業からの融資申込みを受け付けた銀行の人は、提出を受けた資料をまとめ、「稟議書」を作成します。銀行の融資審査は必ず書面で行われます。稟議書では、融資審査にあたって検討するべきことが書かれ、そして、まず融資を実行するかどうか、実行するとしたら金額・金利・返済期間などの条件面はどうするかなどの意見が書かれます。それが支店内で回覧され、最後は支店長が稟議書を見ることになります。

案件によって、支店だけで融資判断ができるものとそうでないものがあり、支店内で判断できる案件であれば、決裁するのは支店長が、支店内で判断できない案件であれば本部の部長が決済します。場合によっては銀行の役員・頭取が決裁することもあります。

稟議書を書くのは、融資を受け付けた人なので、融資審査にあたってその人がいかに有利な方向に稟議書を書いてくれるかが、融資が希望どおり受けられるかどうかのポイントとなります。そのため、融資申込時にいかに企業についてアピールできるか、また日頃から銀行に、いかに企業についてアピールできているかが重要となります。

25　銀行は融資審査で何を調べるか①

企業から融資申込みがあった場合、銀行の受付者は、(1)企業から必要事項について聴取する、(2)企業から必要書類の提出を受ける、の2つにより、融資審査の稟議書を作成するための準備を行います。その内容を少し詳しく見ていきましょう。

(1)　企業から必要事項について聴取する

企業から融資申込みを受けるにあたって、銀行の受付者は主に次の6つの事項を聴き取ります。

①いくら必要か（希望借入金額）……運転資金なら資金繰り表などにより、設備資金なら設備の見積書などにより、いくら必要か算出することができます。そのような資料をもとに、「いくら必要か」を銀行に説明できると、説得力があります。

銀行に、「うちにはいくらまで貸してくれるの？」と聞く経営者がいますが、そのような質問をされても銀行は困ってしまいます。融資金額は、銀行が企業にいくら融資できるかで決まるものではなく、企業がいくら必要とするかによって決まってくるからです。

②いつ必要か（希望借入時期）……これも、資金繰り表、支払い予定表などの資料を作成して銀行に提出し、「いつ必要か」を銀行に説明できるとよいでしょう。

たとえば、融資が受けられなければ手形決済ができない場合、手形決済日前日に「融資はできません」と言われると、企業としては困ってしまいます。そうならないように、「いつ必要か」とともに、「いつまでに返事がほしい」ということも、銀行に伝えておくべきです。

③どのように使うか（資金使途）……運転資金なら資金繰り表、設備資金なら設備の見積書など、融資を受ける資金をどのように使うか、証拠となる資料を銀行に示すことができるとよいでしょう。銀行は、何に使うかがわからない資金を融資することはありません。使い道があってこそ、融資が必要となるのです。

④どうやって返すか（返済財源）……分割返済で返済する場合は、事業計画書などにより、将来の利益予測を目に見えるようにするのがよい方法です。

しかし、将来の利益で融資返済ができる企業はそうそうありません。その場合は、将来の資金繰り予測を立てることにより、将来の資金調達予定もそこに含んで、資金繰り表を作成して銀行に説明します。それができると、「どうやって返すか」が銀行としては納得しやすくなります。

一括返済で返済する場合は、将来の入金予定が明確である場合が通常ですので、その入金予定を書面で銀行に説明できるとよいでしょう。そこに、入金予定日が書かれた売買契約書などの証拠書類も用意できると、さらによいでしょう。

ポイント いつ、いくら必要で、何に使い、どうやって返すかについて聴き取る

26 銀行は融資審査で何を調べるか②

⑤**担保・保証人はどうするか**……担保が用意できる場合はその旨を銀行に伝えると、その担保の評価いかんでは審査が有利になります。

しかし、できれば担保は後々の融資のために残しておく、というのも1つの手です。銀行に「担保となるものはないか」と聴かれるまでは、担保については触れないでおいたほうがよいでしょう。

また保証人についてはほとんどの場合、代表者は保証人になるよう要請されます。最近の流れとして、銀行としては第三者保証人を付けることはできるだけ避けるようになってきています。こちらも銀行から「保証人を付けてほしい」と言われるまでは、あえて言い出す必要はないでしょう。

しかし、資産を豊富に所有している第三者保証人を付けることによって、融資審査が有利に進むことはあります。保証人を付けることによって審査を有利に進めたいということであれば、企業側から銀行に、保証人を付けることを提案するのもよいでしょう。

⑥**最近の企業業績はどうか**……赤字である、債務超過であるなど、業績が悪い企業は当然、返済能力は落ちることとなります。業績について銀行は、企業から決算書や試算表の提出を

受け、それを見ることにより判断します。

決算書・試算表の数字が芳しくないのであれば、銀行としては企業の返済能力に疑問を持ち、融資審査は厳しくなります。返済能力がないのに融資を行ったら、完済までに返済ができなくなる可能性が高くなり、そうなれば銀行としては損失を出してしまうからです。

最近の企業業績については、決算書や試算表をもとに、次のような点について詳しく説明できると、銀行の受付者としても、稟議書で詳細に書きやすくなります。

・売上の状況はどうか。以前に比べて売上が上がった、もしくは下がった理由は何か。売上はどのような構成になっているか（事業別・商品別など）
・利益の状況はどうか。売上に対する利益率はどうか。以前に比べて利益率が上がった、もしくは下がった理由は何か。事業別・商品別などの利益率はどうか

また、もし業績が芳しくないのであれば、将来、どのように業績を改善していくのか、銀行に説明するとよいでしょう。その際に役立つのが、将来の事業計画書です。事業計画書で、どのように業績を改善していくのか、その対策とともに、将来の損益予想を数値として示すことによって、銀行の審査は有利になります。

融資申込みにあたっては、いかに企業のことをアピールするかが重要になりますから、事業計画書はそのためのツールの1つとなります。

ポイント
さらには、担保と保証人をどうするかと、最近の企業業績についても聴かれる

27 銀行は融資審査で何を調べるか③

(2) 企業から必要書類の提出を受ける

銀行は融資申込みを受け付けると、必要事項を企業から聴取するとともに、企業の情報を調査するために、企業から必要書類の提出を受けます。

そうした書類には、次のようなものがあります。

・印鑑証明書、商業登記簿謄本
・許認可が必要な業種の場合は許認可証
・会社案内、役員名簿、株主名簿
・決算書3期分、試算表
・納税証明書

これらの書類を企業から提出してもらうことにより、銀行は企業が実在することを確認し、その内容を材料にして、稟議書を作成していきます。

これらの書類が整わなかったり、書類のなかにおかしな記述があれば、銀行は疑問を持って、詳しく調査を行ったり、もしくは審査を打ち切ることもあります。そのような事態を避けるためにも、日頃から書類の内容はどうなっているかをチェックしておくことが大切です。

また、場合によっては次の書類の提出を、銀行が要請してくることもあります。

・資金繰り表

・事業計画書

・設備資金の場合は見積書、契約書

これらは、資金の使い道について説明する資料となったり、将来の企業業績、資金繰りを説明する資料となるので、銀行から言われる前に提出すると、銀行への印象はよくなります。

さらには、保証人を付ける場合であれば、保証人の印鑑証明書や住民票、資産の状況などの書類が必要となります。

あるいは、不動産担保を提出する場合であれば、該当不動産の登記簿謄本、公図・建物図面・住宅地図などの書類が必要となります。

銀行から要請された書類を提出することができないと、そもそも審査さえしてくれなくなります。また、銀行から言われなくても、自社をアピールする資料は積極的に出したほうが、担当者はそれを材料に好意的に稟議書を書いてくれます。そのため、そうした資料を日頃から準備しておくとよいでしょう。

ポイント　必要書類の提出を要請されるので、当該書類の内容をきちんとチェックしておく

28 稟議書にはどんなことが取り上げられるか

企業から融資申込みを受け付けた銀行側の担当者が、融資を実行するかどうか、実行するとしたらどのような条件（金額・金利・返済期間・返済方法等）とするかを支店長、もしくは本部の部長に決裁してもらうために作成する書類が「稟議書」です。

融資審査がどうなるかは、この稟議書の内容によって決まると言ってよいほど、稟議書は重要です。

稟議書には、次に掲げるような事項が取り上げられますが、企業としてはこれらの事項を把握しておき、銀行側の担当者が稟議書を作成しやすいように、情報を提供するのがよいでしょう。

・借り主の商号・住所・代表者・設立年月・業種・取扱商品・強み・弱み
・借り主の最近（過去3年くらい）の決算数値（損益計算書・貸借対照表の主要数値が年次で並べられて比較される）
・最近の試算表の内容・今期の決算見込み
・希望融資金額
・希望返済期間

・希望返済方法（期日一括か分割か。分割なら返済間隔と第1回返済までの据置期間はどうか）
・資金使途（運転資金か設備資金か。設備資金ならどういった設備か。その資金使途は妥当なものか）
・金利（固定か変動か。金利は何%とするか。その金利は他行に比べて高いか低いか。銀行独自で決められている基準金利に比べてどうか。その金利とする根拠は何か）
・保全状況（借り主への総融資金額が、担保によりどこまで保全されているか）
・返済能力（税引後利益＋減価償却費＝キャッシュフローが、年間返済金額を上回っているかどうか。上回っていなければ、返済が進むと現金預金が減少するため、将来、新たに融資を受ける必要がある）
・他行の融資動向（他行の融資金額の時系列推移を見ることにより、他行の融資姿勢はどうなっているのかが見られる）
・意見（融資を実行するのかしないのか。融資を実行する根拠はどこにあるか。融資を実行することによって、銀行にもたらされるメリットは何か。金額・返済期間・金利・返済方法などの条件はどうするか）

ポイント
取り上げられる項目を把握して、担当者が稟議書を書きやすいように情報を提供する

29 融資審査はどのように決裁されるか

企業の融資申込みを受け付けた銀行の担当者が書く稟議書は、担当者↓担当者の上司↓融資係↓融資係の役席（トップ）↓副支店長↓支店長というように、銀行のピラミッド型の職位階層の下から上へ回覧されます。

そして、支店長が決裁して融資実行が決定される場合もあれば、支店長が承認した後も、本部の融資審査をする部署（融資部・審査部などと呼ばれる）に稟議書が回覧され、本部の部長が決裁する場合もあります。場合によっては、銀行の役員、頭取まで、稟議書が回覧されるケースもあります。

融資実行を決裁するのが支店長なのか、本部の部長なのか、役員なのかは、銀行の内規によって決められます。その内規では、次のような基準が決められ、その基準を超えるようであれば支店長ではなく本部の部長が決裁する、というように決められています。

・**融資金額**……これは、「1本の融資金額」ではなく、「実行後のその企業への融資総額」のことを指します。1社への融資総額が大きくなるほど、銀行としてはその融資の重要性が高まるため、上の層である本部が決裁することになります。

また、銀行には「支店の格」というものがあり、「小規模店」「中規模店」「大規模店」のように、支店の規模によって格が決められています。「小規模店」とは住宅街にあって企業への融資があまりない店などを指します。「大規模店」とは都心などにあって企業への融資が多い店などを指します。「支店の格」が高いほど、支店長も「格上」となります。そのような支店長は、融資を実行するかどうかの権限が大きくなり、融資総額が大きくなる融資も最終決裁が任されるようになります。

・**企業の信用格付**……企業の信用格付とは銀行が、企業の決算状況など、企業ごとに決めている格付のことを言います。信用格付がよくない企業ほど、その企業に融資を行うことによる貸倒れリスクが高まるため、本部の部長が決裁するようになります。

これら以外にも、返済期間、1企業への無担保部分の融資総額、金利などによって、支店長決裁とするか本部決裁とするか、基準が決められている場合もあります。

なお、本部が決裁する場合でも、支店長がその融資を承認していなければなりません。支店長が融資を否認した案件を、その後本部で審査されることはありません。

本来、本部の審査部・融資部などは、多くの支店から上がってくる融資案件を審査しているプロですから、より広い視野を持って審査しています。ただ、全部の案件を本部が審査するのは非効率ですので、支店長が決裁するか本部が決裁するかという、基準を決めているのです。

ポイント
融資内容によって支店長か本部の部長かなど、だれが決裁するかが内規で決められている

30 融資審査が通らないのはどんなケースか

融資審査が通らないケースとしては、次の3つに分かれる場合がほとんどです。

(1) 企業の業績などに不安があり、返済能力から見ても貸倒れの可能性が高く、融資実行にリスクが高いケース

融資審査が通らないケースのなかで一番多く見られるケースで、赤字、低利益率、債務超過など、企業の業績が芳しくなく、その結果返済能力が低いと見ざるを得ない場合を指します。返済能力が低いと、完済となるまでに企業が銀行に返済できなくなり、その結果、銀行には貸倒れが発生してしまいます。

また、どこの企業にも信用格付がなされるようになった現在では、その信用格付が、融資審査において大きな影響を与えるケースが多くなっています。そのため、信用格付を高く保つ「格付対策」が、企業にとっては重要となっています。

都市銀行中心に行われる、決算書数値をコンピュータに入力することによりコンピュータが審査する「ビジネスローン」では、貸倒れ確率が計算され、その確率により、融資審査が通らなかったり、通っても融資金額が低くなったり、返済期間が短くなったり、金利が高くなる場合もあります。

(2) 企業の業績などに不安はないものの、融資金額が過大、返済期間が長期間、金利が低すぎてリスクに見合ったものでない場合など、条件面にムリがあり、融資条件の変更（融資金額を小さくする、返済期間を短くする、金利を高くする）を企業に求めるものの、企業が拒むケース

このケースでは、「企業が条件の緩和を受け入れればよいではないか」と思われる方も多いでしょう。しかし、設備の支払金額に融資金額が満たなければ、その設備が自己資金を足しても購入できない、あるいは、返済期間が短ければ資金繰りが厳しくなることが見越されますから、一定以上の返済期間でなかったら融資を受けたくないなど、企業として融資の条件にこだわりを持っているケースは多くあります。

そうした場合、企業としては「この条件で融資を受けても意味がない」と考え、その結果銀行に断り、融資が実行されないことがあるわけです。

(3) 資金の使い道に問題があるケース

たとえば、融資を受けた資金をギャンブルに使う場合や、経営者が私的なことに使う場合など、違法なことや、企業からの申し出以外のことに資金が使われるのがあらかじめわかってしまった場合です。資金の使い道に問題があり、融資返済ができなくなる可能性が高くなる、と銀行は見てきます。その場合には、融資審査は通らなくなります。

ポイント
貸倒れリスクが大きいと見なされたら、融資審査は通らない

銀行の支店の組織

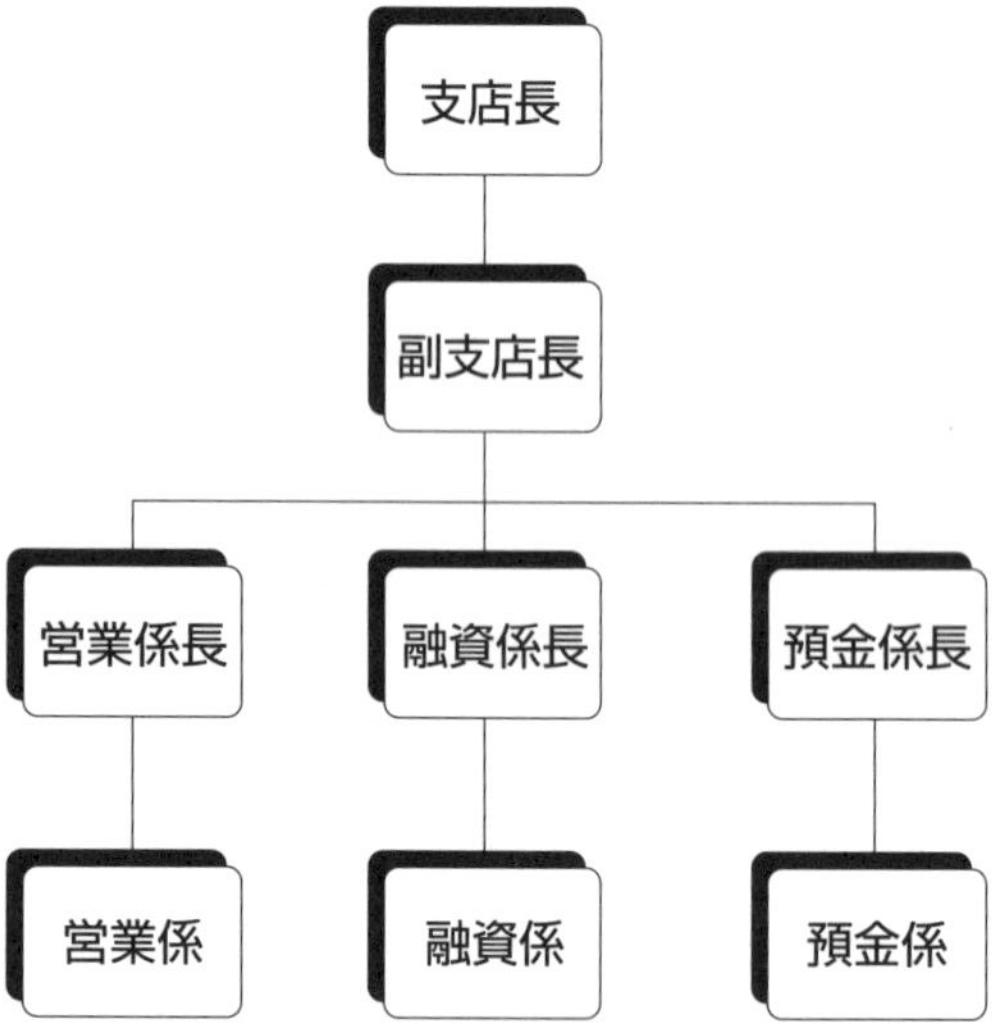
支店長
副支店長
営業係長
融資係長
預金係長
営業係
融資係
預金係

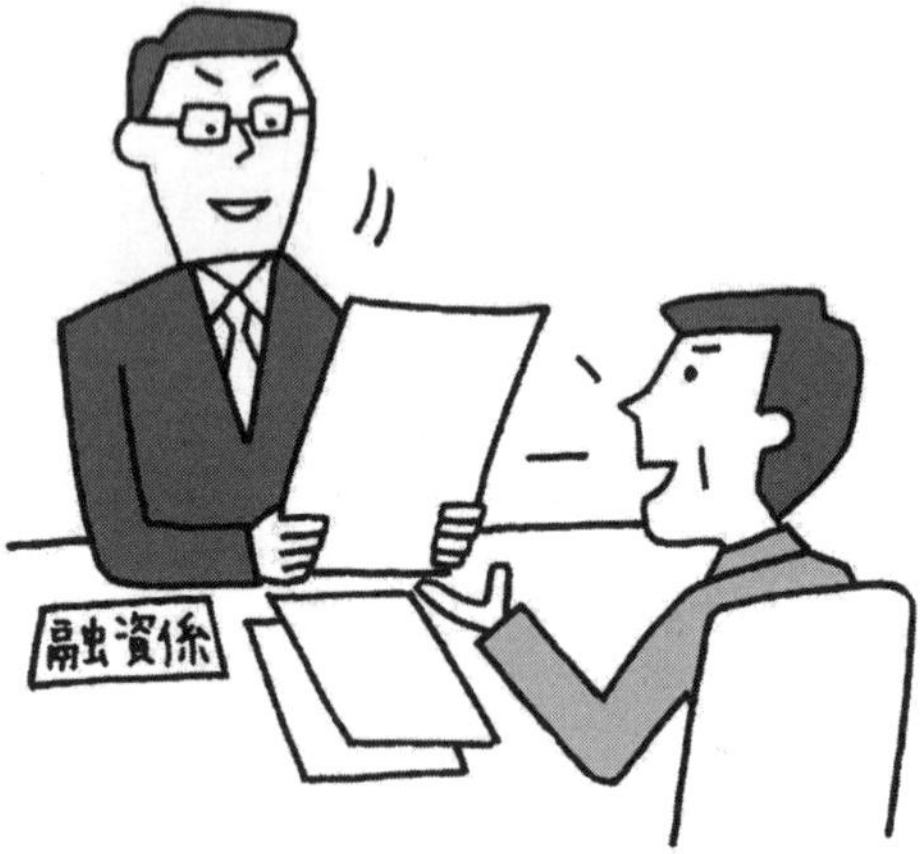
融資係

4章

銀行の信用調査ではここが見られる①

——実地・側面調査のポイントと対策はこうする

31　事務所、工場、店舗、倉庫など「現場」を見る

銀行は、これまで融資実績のない企業が融資を申し込んできたら、その企業について深く調査します。そのために銀行としては、まずその企業の事務所、工場、店舗、倉庫など、企業が事業活動を行っている「現場」を実際の目で見ようとします。

もっとも、最近になって都市銀行が中心になって進めているビジネスローンでは、深く調査をしないで決算書だけで審査されるケースが多いようです。

筆者が銀行員時代、融資を申し込んできた企業の事務所、工場などを見ずに、決算書やその他の提出を受けた書類の審査だけで融資を実行したことがあります。そうしたところ、第1回の返済も行われることなく、企業が倒産してしまったのです。現場に行ってみると、事務所には机が置いてあるだけで人の気配すらなく、また工場所在地と言われていた住所にも、工場らしきものはありませんでした。

このように、本当に事業を行っているかを現場に行って確認しないと、偽造された決算書によって、融資資金が詐取されてしまうケースも少なくありません。

まずは、営業の実態があるのかどうかから、銀行は見ていかなければなりません。新規の企業から融資申込みがあったら、銀行としては営業の実態があることを確認するた

めに、事務所、工場などの現場に行って確認します。

企業としては、銀行員が事務所、工場、店舗などに見学に来たら、一緒に回って、1つひとつ説明していったほうがよいでしょう。

たとえば工場なら、「この機械は、弊社製品○○のここの部分をつくるものです。そうしてつくられたものは、この製品です」とか、また店舗なら、「ここでは、○○というコンセプトで品揃えをしています。客層は40～50代の主婦が多いです」などと企業をアピールするようにていねいに銀行員に説明すると、銀行としては納得するはずです。

また倉庫などは、見てもあまり意味がないようですが、実は銀行員としてはなかの様子をきっちりチェックしています。なぜなら、在庫の量が多いと、「不良在庫があるのではないか」とか、「在庫が多すぎて、資金繰りが厳しくなっているのではないか」などというように、銀行としては考えるからです。

倉庫は、雑然としていると銀行員に与える印象が悪くなるため、（銀行員が来るときはとくに）整理整頓をしておくべきです。また、事務所内、工場、店舗などでも、同じく整理整頓をしておくべきなのは言うまでもありません。

ポイント
現場確認時によい印象を持ってもらうため、整理整頓やていねいな説明を心がける

32 「経営者」を見る

中小企業における経営者は、企業の栄枯を左右する存在です。中小企業＝経営者と言ってもよいほどです。

銀行は多くの中小企業と接するなかで、そうしたことを十分に理解しているため、経営者との面談を行い、経営者がどのような人物なのか、経営能力を持っているのかなどを判断しようとします。

銀行員は日頃から多くの経営者と接する機会が多いので、経営者と話をすることで、その経営者には経営能力があるか、仕事に情熱があるか、正直かなどについて、他の経営者と比べることによって判断できます。

私は銀行員時代、その経営者に経営能力があるかどうかを見るとき、①経営者があいまいな言葉でなく、具体的な数値で話すことができるか、②業況が芳しくないのを、従業員など他人のせいにするのではなく、自分の問題としてとらえ、具体的な対策を話すことができるか、といったことを重視して見るようにしていました。

また、ただ話すだけでなく、具体的な行動ができるかどうかといった行動力も、経営能力を見るうえでは重要なことです。統率力、状況判断力、企画力など、経営者に求められる能力は多くありますが、銀行員としては細かく見ているわけではありません。

銀行に経営者をアピールするには、面談の場と、具体的な成果を見せていくしかありません。銀行員との応対も、普段は財務や経理などの担当者がしていても、時々は経営者自らが行うようにします。そしてその機会に、自社をどうしていくか、ビジョンを持って話をしていくと、銀行としてはその経営者を高く評価するはずです。

また、自社の業績をよくしていく、自社を成長させていく、社会に貢献していくという、仕事への情熱を銀行にアピールできると、銀行としては、その企業は経営者が引っ張ってよい方向へ持っていきそうだと判断して、企業を高評価します。

加えて大事なことは、経営者が正直かどうかです。融資を受けるために、銀行に本当のことを言わない経営者は少なくありません。本当のことを言わない経営者を信頼して融資をして、貸倒れとなったら銀行としては目もあてられません。

そのため、経営者が正直かどうか、銀行員としては無意識にでも観察しているものです。企業にとって都合のよいことばかり言う経営者には、銀行は逆に疑いの目を持ってしまうものです。

悪いことは悪いと認めて、ではどうやって改善していくか、その対策を述べることのできる経営者のほうが、銀行としては付き合って安心します。

ポイント 経営者の経営能力、仕事への情熱、正直さなどのほかに、具体的な行動力なども判断される

33 「従業員・人材」を見る

中小企業は「人」で決まるとよく言われます。この「人」というのは、経営者のことを指すとともに、その企業で働いている従業員のことも指しています。

従業員の仕事に対するモチベーションはどうか。「個人」ではなく「組織」として企業を成長させるために働いているか。仕事の能力はどうか。このようなことを、銀行員は見ようとします。

銀行員がある企業を担当するとき、経営者だけでなく、経理担当者など従業員と接する機会が多くあります。また、従業員へ金融商品を提案するなど、銀行員が企業の従業員と接することも多くあります。このような機会を使って、銀行員は従業員から会社の様子、経営者の様子などを聞き出そうとするのです。

そうしたなかで、従業員から経営者への不満などが多く出るようなら、従業員全体のモチベーションが下がっており、業務に差し障りが出ている可能性があります。

活気がある会社は、従業員全員が活き活きとしていて、やる気を持って働いている雰囲気が感じられるものです。挨拶1つを取ってみてもそうです。

社内に入るなり、「いらっしゃいませ！」と大きな挨拶がかけられると、銀行員としては

「活気がある会社だな」と感じます。逆に面倒臭そうに応対されると、銀行員としては「従業員はいやいや働いているのではないか」と感じます。そうなると、銀行へ与える印象は悪くなり、融資審査にも響いてきます。

また、従業員の能力をアップし、能力を発揮させるための体制を整えているか、そのための社内教育の体制はどうなっているか、銀行は経営者との雑談のなかで、話題に出すこともあります。

企業としてはその場で、どのように教育体制を取っているかをしっかり説明できると、銀行へ与える印象はよくなります。

また、私が銀行員時代に体験したことですが、従業員の悪口ばかりを言う経営者に会ったことがあります。その人は、「社員みんながしっかり働かないから、業績がよくないんだ」というように、業績が悪化したことを、経営者自らの責任ではなく、従業員の責任としたのです。

経営者としては他人に愚痴が言えて、気分がすっきりするかもしれませんが、話を聞く銀行員としては、このような経営者の姿勢には疑問を持ちます。従業員の悪口は決して言わないようにしたほうがよいでしょう。

ポイント
従業員のモチベーションなどのほか、会社が彼らの能力を活かそうとしているかなどを見る

34 業界の動向、業界の将来性を見る

現在では、建設業が公共事業減少の影響で業界不況であると言われているように、企業がどの業界に属するかによって、企業の業績に大きな影響が出ます。

銀行内では、その時々で「要注意業種」というものを決めています。要注意業種とは、この業種の企業への融資は審査をとくに慎重に行うように、と銀行内で判断されたものです。このように銀行は、業界の動向として好景気か不景気かなどに注目しています。

不景気な業界に属する企業であれば業績が悪化しやすく、銀行としてそのような企業に融資したら、貸倒れの可能性が高まってしまいます。企業1社1社の業績とともに、業界動向も注意深く見ているのです。

また業界動向とともに、業界の将来性にも注目しています。将来性のある業界であれば、そこに属する企業は成長しやすく、そうした企業へ融資することで銀行も成長していく可能性が高いからです。

こう言うと、「自社は不況業界にいるから、銀行から融資は受けられないだろう」と諦めてしまう経営者がいます。しかし、不況業界の企業のなかにも、元気な企業は多くあります。

不況業界に属する事実は動かしようがありませんが、ではそのなかで、自社としてはどのような特徴を持った製品・商品・サービスを世に出すのか。どのように営業活動を行っていくのか。これを語れる経営者に、銀行としては魅力を感じます。

また、自社が属する業界の動向や将来性について、詳細に語ることができれば、銀行としてはその経営者の能力を高く感じることができます。自社が置かれている環境を語ることができる経営者は、その環境のなかで、自社を成長させていくために対策を取ることができるからです。

自社が属する業界は何なのか、まずはそこを考えてみてください。そして、その業界動向について、インターネットや出版物などにより情報収集して、動向を語れるようにしておいてください。そして、業界全体はどの方向に向かっているのか、新しい技術やサービスは台頭してきているのか、自社は新しいものを取り入れて成長しようとしているのか、このようなことを銀行に説明できるとよいでしょう。

できるだけ、業界の将来が明るいように銀行員に説明できると、銀行員としてはその業界に対してよい印象を持ってくれるでしょう。その結果、融資審査においても、有利となります。

これを機会に、自社の属する業界について、もっと深く知ろうという気持ちを持ってみてください。

ポイント

自社が置かれている環境や、そのなかで自社をどう成長させられるかを語れるようにしよう

35 企業の含み益、個人資産を見る

決算書は必ずしも、企業がどれだけの資産を実際に所有しているのかを表すものではありません。なぜなら、決算書に計上される資産には、含み益や含み損があるからです。たとえば土地を購入し、そのときの購入価格そのままに決算書上で計上されている場合、土地の時価が値上がりした機会に売却しようとすると、購入価格よりも高い価格で売ることができます。このように、決算書上での評価額（簿価）よりも時価が上回っていれば、その資産は含み益があると言います。

土地以外に含み益がある資産としては、有価証券などがありますが、もし自社に含み益があれば、周囲の土地の売買事例などを示して、銀行にアピールしてみるとよいのではないでしょうか。

それにより、決算書よりも実際は大きな価値を持つ資産を所有していることをアピールできるため、銀行が行う融資審査において有利に作用します。

しかし、含み益とは逆の、含み損がある企業も多いものです。とくにバブル時代に購入した土地の値下がりは、企業にとっては深刻です。含み損については、企業の評価を下げることになります。わざわざ含み損があるということを、銀行に言うことはありません。言わな

くても、銀行は土地の時価を勝手に調べるからです。
銀行は、融資を行う企業ごとに、「企業ファイル」というものをつくっています。そのなかには、企業の決算書に存在する含み益、含み損の一覧表もあります。含み益と含み損を調べることにより、決算書上で見られる企業の資産と、実際の企業の資産はどれくらい乖離しているのかを見ることができるわけです。

なお、経営者の個人資産は、万一、企業が返済できなくなった場合に、代わりの返済のために回すことができるものです。ということは、銀行としても、経営者の個人資産が多くあるということがわかっていると、万一のときには個人資産から返済できるだろう、という見方をするわけです。そのため、経営者の個人資産を銀行に伝えておくことが、審査を有利に進めることもあります。

しかし、そのような資産は「担保」ではないため、銀行は万一のとき、その資産を確実に確保できるわけではありません。多くの銀行から融資を受けていれば、各銀行がその個人資産を狙ってくることになります。

そのため、個人資産が豊富にあるならアピールしておいたほうがよいのですが、個人資産を「担保」にする場合より、審査を有利に進めるための影響力としては弱いものであることを覚えておくとよいでしょう。

ポイント
決算書を見ただけではわからないので、うまくアピールすると審査に好影響を与えることも

36 企業の競争力を見る

競争力のある企業は、業界内や地域内で大きなシェアを確保します。そうであれば当然、業績はよくなっていきます。

企業の競争力は、次のようなことが要因で決まってきます。

・商品・サービスを、他社に比べて優勢に販売していくことができるか
・商品・サービス自体が、他社に比べて多くのメリットを顧客にもたらすものであるか
・価格を安くしても、持ちこたえられるだけの体力が企業にあるか

銀行員としては、実際に競争力があるかどうかを知るために、その企業が業界内でどのあたりの位置にあるか、どれくらいのシェアを持っているのかを知ろうとします。

売上が伸びているのであれば、業界が成長している場合もありますが、たいていは、その企業の競争力が高いからです。業界内での競争に勝ってきているから、売上が上昇していくのです。

また、「業界内」での競争力とともに、「地域内」での競争力も、多くの企業でポイントとなります。全国的にはシェアが小さくても、ある地域のなかでの競争力が高ければ、その企業は強いのです。

ニッチな業界、せまい地域でも、そのなかで根強い競争力を確保できていることが、銀行に対する大きなアピールポイントとなります。

このように、業界内もしくは地域内でどれくらいのシェアを確保しているか、どれだけ売上を伸ばしているかを、資料として作成して銀行に提出することにより、アピールすることができます。

また、いまは競争力があるとは言えない場合でも、自社が他社との競争のなかで競争力を付けていくためにはどのような戦略を実行していくか、それを日頃、銀行に説明してアピールできているとよいでしょう。

競争力を付けるための戦略には、たとえば次のようなものがあります。

・営業マンの能力向上のために、たえず研修を行う
・新商品開発のために年間、多くの開発予算を取っている
・価格競争力を持つために、調達コストを下げている

銀行からスムーズに融資を受けるために重要なのは、このようにいかに自社について銀行にアピールできるかです。とくに支店長へアピールできるとよいでしょう。支店長が好印象を持っている企業は、融資審査において有利となります。支店長が融資についてカギを握っているからです。

ポイント
業界内や地域内での自社のシェアを中心に、とくに銀行の支店長にアピールするのが有効

37 企業の販売先・仕入先を見る

企業の販売先・仕入先が安定しているかどうかは、銀行が融資先企業それぞれに付ける信用格付において、点数化される項目の1つです。

販売先・仕入先が、優良企業が主体となっており、長期にわたって安定している場合、銀行としてはその企業を高評価します。逆に、販売先・仕入先が不安定で、それが経営にも影響してくるようだと、企業の評価は悪くなります。

とくに販売先の業績が悪いと、もしそこが倒産した場合、企業としては売掛金が回収できなかったり、受け取った手形が不渡りになりかねません。そうなると、企業としては「不良債権」を抱えることとなり、それが業績悪化へとつながったり、資金繰りが厳しくなったりします。そのような企業は、その後銀行への返済ができなくなるケースが多いため、銀行としては販売先の業績がよいかどうかを検討します。

ただ、すべての販売先の業績について調査するのは、銀行としても手間がかかってしまうため、主要な販売先の業績を中心に調査します。

また、主要な販売先が、その企業の売上シェアのうちどれくらいを占めるのかも、銀行が企業を評価するための大きな要素となります。たとえば、1社への販売が売上高の半分以上を占めるようであれば、その1社との取引が解消になれば、企業としては売上が半減してしまいます。もしくは、その1社が倒産ということになれば、企業としては多額の不良債権を抱えてしまうため、銀行は1社への販売依存度が高い企業には、厳しい評価をします。

あるいは、2～3社に対する売上シェアが高い場合も、1社だけに偏る場合よりはよいとしても、そのうちの1社との取引がなくなったり倒産したりした場合は、企業として大きなダメージとなりますので、やはり銀行は注意して企業を見るようになります。

要は、売上は少数に集中するより、多くの販売先に分散すること、もしくは主要取引先への依存度を高めすぎないようにすることが、銀行から高評価を受けるコツです。また主要販売先の業績が悪化しているようであれば、取引を慎重に行って、可能であれば取引を縮小していったり、回収を早めたりすることが、銀行のよい評価につながることになります。

仕入先については、販売先ほどではありませんが、安定した仕入先を確保していることが、企業の仕入体制を確固としたものにするため、銀行としてはよい評価をします。

仕入先が安定していないと、銀行に提出する決算書のなかの買掛金明細などを銀行員が見たとき、「なぜ、前回の決算に比べて仕入先が大幅に入れ替わっているのか」と疑問に思われることがあります。その場合は、銀行に、仕入先が入れ替わった理由を説明したほうがよいでしょう。

販売先を少数に依存していると、銀行の評価は辛くなる

ポイント

38 企業の技術力・商品開発力を見る

企業の技術力・商品開発力は、企業の「売るもの」の競争力を決めることになりますので、技術力・商品開発力が強いかどうかで、銀行は企業を評価します。

特殊技術があり、研究開発力が高い企業は当然、銀行としては高評価します。特許などの知的財産を保有していると、研究開発力の裏付けとなるので、そうしたものがあるのならば、それを銀行にアピールするとよいでしょう。技術力・商品開発力はとくに製造業にとって、業績と企業の将来を左右することになるため、銀行は大いに注目します。

技術力については、①同業他社にはない独自の技術を持っているか、②同業他社に比べて技術水準は高いか、③技術革新の影響はどうか、の3つの視点から、銀行は見ようとします。

自社で創造された技術が多くなければ、銀行は評価しにくいでしょう。他社への依存度が高い場合は、自社に技術力がないことの裏返しであり、企業の将来に不安を落とします。また、時代遅れになった技術にいつまでも依存しているのであれば、企業の将来は不安になります。時代にあった技術、もしくは時代を先取りした技術でなければなりません。さらに、他社とは差別化された競争力のある技術があることで、企業の存在価値は増すことになります。

企業の業績と将来につながる技術力・商品開発力については、銀行はとくに注目している

技術力とともに商品開発力も、銀行としては企業を評価するポイントとしています。商品も、最新技術を集めただけの商品、商品開発者がつくりたかった商品ではなく、「売れる商品」であるということがポイントです。

マーケットリサーチで、どのような商品にニーズがあるかを探り、そのニーズに合うようにつくられた商品は、売れることになります。商品が売れると当然、企業の業績はよくなります。

そう考えると、商品開発力でも、ただ商品開発の技術があるだけでなく、マーケットリサーチができる能力、そこから消費者のニーズを汲み取って商品化できる能力、そのような企業の能力が、銀行が企業を高く評価するポイントとなります。

新商品を開発したら、その案内書を銀行に提出してみてはいかがでしょうか。銀行としては、日々の多忙な業務のなかで、融資している企業1社1社についてじっくりと知る機会はなかなか持てないものです。そのようなときに、新商品についての案内書や、実際の商品そのものを銀行に渡すことができたら、銀行としてはその企業を知るよい機会となります。

またそれは、担当者だけではなく、銀行内、支店長まで回覧されるものなので、担当者に渡した新商品のパンフレットや商品そのものが、支店長の手に渡ることにより、支店長に強くアピールすることができることになります。支店長にアピールできた企業は、融資審査においても有利となります。

ポイント

39 興信所を通じた調査もある

銀行は、融資を申し込んできた企業の情報について調べるためには、企業から聴き取るのが一般的です。株式を公開している企業とは違い、中小企業の情報は企業自身から聴き取るしかないからです。

しかし、企業が自社に不都合な情報を隠す場合もあります。企業としては融資を受けたい以上、当然のことです。

そのため銀行は、融資を申し込んできた企業から聴き取るだけではなく、外部から収集しようとする場合も多いのです。

ほとんどの銀行が使っている情報収集の方法が、興信所を利用することです。興信所とは、個人や法人についての情報や、財産などを当事者にわからないように調べ、それを依頼者に報告する会社のことを言います。銀行が利用する興信所として代表的な会社には、帝国データバンクなどがあります。

銀行は興信所を利用して、融資申込みをしてきている企業を調べたり、場合によっては、調査報告書という、10ページ以上にわたって企業の詳細情報が書かれたものを取り寄せたりします。

私も銀行員時代、融資を申し込んできた企業について調査するのに、興信所の情報をよく利用していました。そこで得られる情報からは、企業が決して教えてくれない内容がわかることも多く、企業の裏側がよく見えたものです。

また、帝国データバンクが調査した会社は、点数付けがなされていて、私が勤めていた銀行では、その点数が55点以上の企業は、融資審査においては一応の「合格点」とされていました。ただ、55点以上の企業でも、総合的に審査されて通らなかったケースは多くあります。逆に、55点未満の企業は、銀行としては、融資に慎重にならなければならない企業とされていました。

興信所での情報は稟議書に添付されて、銀行で支店長、時には審査部や融資部に回されるため、重要な情報となります。興信所からよい評価をされるよう、自分の会社をよくしていくしかありません。

多くの企業では、興信所が調査に訪ねてきた経験があると思いますが、それはその会社の調査を興信所に依頼した人間がいる、ということです。それは多くの場合、銀行などの金融機関、もしくは商社などの仕入先です。

興信所の調査員が訪ねてきた場合は、面倒だからといって横柄な応対をせず、なるべくていねいに応対し、調査員に不信感を持たれないようにしたほうがよいことは、言うまでもありません。

ポイント
興信所の調査員が訪ねてきたら、ていねいに応対して不信感を持たれないようにしよう

40 審査への影響が大きい決算書の内容

融資の審査にあたって、決算書の内容は8割の影響を与えます。つまり、貸借対照表や損益計算書の中身は、融資審査の結果を大きく左右するのです。

また銀行には、貸借対照表や損益計算書以外に、「勘定科目明細」を一緒に提出します。私が銀行員時代、勘定科目明細の銀行への提出を拒む企業がたまにありましたが、そのような企業は、「情報開示に消極的な企業」として、銀行は「何か隠しごとがあるのではないか」という見方をしていました。

そうなると、銀行のその企業への目は厳しくなり、融資審査において不利になりますから、変に隠そうとせず、勘定科目明細も一緒に銀行に提出したほうがよいのです。

勘定科目明細とは、貸借対照表や損益計算書で、計上されているそれぞれの科目の「内訳」についての情報を提供するものです。

たとえば、売掛金の明細だったら、表記のしかたはともかく、

●売掛金1200万円（A社500万円　B社400万円　C社250万円　他50万円）

というように記載されており、この例では、売掛金1200万円の内訳がどうであるかが、わかるようになっています。

銀行は、この勘定科目明細を重視します。なぜなら、ここから企業が日頃、どのような取引を行っているかがわかるからです。

ここで、銀行が勘定科目明細から企業を調査する例を挙げてみます。

貸借対照表の資産科目の1つに「貸付金」がありますが、貸付金の明細を見ると、前期の決算では代表者向けの貸付金が300万円、今期が1500万円あったとします。

負債の部を見ると、銀行からの借入金が前期に比べて多くなっているとします。

そうすると銀行としては、「借入金は運転資金に使うと言ったものの、代表者向けの貸付金が1200万円多くなっている。ということは、借入金は結果的に代表者個人へ流れていくのだな」というように考えます。

企業としては、「借入した資金は個人へ流した」とは決して言いませんが、銀行としては、このように推理してくるのです。

これはあくまで1つの例ですが、勘定科目明細はこのように、企業について銀行がいろいろなことを知ることができる重要なツールとなるのです。

勘定科目明細は、銀行としては目を凝らして見てくるため、その内容についても気を付けたほうがよいでしょう。

ポイント
審査時に重視される決算書だが、そのなかの勘定科目明細の内容についても注意が必要

興信所による調査情報の例

商　号	株式会社フィナンシャル・インスティチュート			評点	50点
所在地	東京都港区三田2−10−2　三田耀ビル2階				
電話番号	03−5484−6027				
資本金	1,000万円				
従業員数	9名	創業	平成16年10月	設立	平成16年10月
業　種	経営コンサルタント業				
取引銀行	M銀行(K支店)・O信用金庫(U支店)				
仕入先	A社・B社・C社				
得意先	D社・E社・F社				
代表者氏名	川北　英貴				
代表者住所	東京都渋谷区○○○町1−1				
電話番号	03−○○○○−○○○○				
出身地	愛知県	生年月日	昭和49年8月5日		
出身校	早稲田大学	性　別	男		

決算期	売上高(百万円)	利益(千円)	自己資本比率
平成17年9月期	100	10,000	20%
平成18年9月期	200	20,000	25%
平成19年9月期	300	30,000	30%

(数字は架空のもの)

さらにくわしく調査する場合、10ページ以上にわたって企業の詳細情報が書かれたものを取り寄せる(費用が高くなるため、どの企業についても詳細情報を取り寄せるわけではない)

5章

銀行の信用調査ではここが見られる②

——財務分析のポイントと対策はこうする

41 決算書づくりの方向性が融資の可否を決める

先にも述べたように、融資を受けられるかどうかは、決算書の内容で8割方決まります。

決算書を作成するのは、ほとんどの中小企業の場合、顧問の税理士や会計士などですが、私が資金調達の相談を受けていて、かなり多くの税理士や会計士が、決算書づくりをいい加減に行っていると感じています。

決算書づくりには、①税務署に向けた、「いかに税金を安くするか」というテーマに基づいたもの、②銀行に向けた、「いかに銀行に評価されるか」というテーマに基づいたもの、の2つの考え方があります。決算書を提出する先は、中小企業の場合は税務署と銀行の2つですから、これら2つの考え方が存在するのです。

しかしこの2つは、まったく逆の考え方に基づくものです。税金を安くするには、「利益を低くする」ことが、一方で銀行に評価されるためには、「利益を高くする」ことが、それぞれ一番有効な方法です。税金を安くしながら、銀行に評価される決算書はつくることはできません。そうとなれば、それぞれの企業が、税金を安くするか、銀行から評価されるか、どちらを優先させるかを見極めて決算書をつくるべきなのです。

儲かっている企業で、銀行から資金調達の必要がまったくないのであれば、経費をどんどん計上して、税金を安くすればよいでしょう。しかし、売上がどんどん伸びていて運転資金がたえず必要だったり、業種柄回収サイトが長くてたえず資金調達の必要な企業であれば、銀行から高い評価をされるようにして、銀行融資が受けやすい決算書にしておかなければなりません。

税金を安くするよりも、むしろ税金は払ってでも利益を高くし、銀行から融資を受けやすくしておくべき企業であるにもかかわらず、経営者に「利益が出てしまうから経費はどんどん使うように」という間違ったアドバイスがされて、その結果利益がほとんどない、もしくは赤字になってしまった決算書。その決算書は、銀行から融資を受けにくいようになっています。そうなってしまっては、企業にとっては大きなマイナスとなります。

企業1社1社の資金調達の必要性を考えて決算書づくりをしていくことが、本来あるべき税理士・会計士の姿のように思います。多くの税理士・会計士が、「節税、節税」とまるで節税教のように唱え、利益がほとんどないか、赤字の決算書づくりを勧め、その結果多くの中小企業が資金調達に困ってしまっているのが現状です。

多くの中小企業では、決算書づくりを顧問の税理士や会計士に丸投げしてしまっているのが実態ですが、任せた税理士が企業と銀行との関係に無頓着だと、「銀行から融資を受けにくい」決算書ができてしまいますので気を付けてください。

ポイント 融資を受けるためには、銀行に高い評価を受けられるような決算書づくりが求められる

42 「自己査定」はこのように行われる

融資を受けている企業はどの企業でも、銀行から「格付」が行われています。格付とは、企業の財務内容、融資の返済状況などにより、企業がどのような状態にあるかが、銀行によって付けられたものです。格付の作業は「自己査定」、次いで「信用格付」という順番で作業が行われます。

まず自己査定ですが、企業は「正常先」「要注意先」「破綻懸念先」「実質破綻先」「破綻先」の5段階に区分されます。正常先が一番よくて、破綻先に近づくほど企業の状態が悪い、ということになります。

この区分を「債務者区分」と言い、融資を受けているどの企業も、いずれかの債務者区分に分けられます。

債務者区分は、次の2つの判定基準によって決定されます。

(1) 企業の状況

これは、決算書をもとに判定され、①営業利益・経常利益・当期利益のいずれかが赤字、②繰越損失がある、のいずれかに当てはまると、要注意先以下に落ちてしまう可能性は高くなります。

ただし、当期利益が赤字であっても不動産の売却損など一過性のもので、次期は黒字が見込める場合、次期が黒字見込みであり繰越損失解消が確実である場合など、ケースによって正常先に引き上げられることもあります。

また、純資産がマイナスである、いわゆる「債務超過」の状態だと、破綻懸念先以下に落ちてしまう可能性が高くなります。これは、回収の見込みがない「不良資産」を多く抱えているなど、決算書上では債務超過でなくても、実態は債務超過と言える「実質債務超過」の状態であっても同じです。

(2) 返済の状況

返済の状況がどうなっているかも、債務者区分を決定する1つの要素となります。

たとえば、銀行が融資しているなかに、分割返済額を途中で少なくしたもの、金利を減額・免除したものなどがあると、それは「貸出条件緩和債権」と見なされ、延滞したものがある場合などと同様、要注意先以下となる可能性が高くなります。

要注意先は2つに区分されていて、「(一般の) 要注意先」と「要管理先」です。貸出条件緩和債権があったり、数か月延滞している融資があると、「要管理先」もしくは「破綻懸念先」以下となってしまいます。

要注意先となると、融資が受けにくい状態になり、要管理先もしくは破綻懸念先以下になると、まず融資は受けられないので、「債務者区分」はとても重要です。

ポイント 融資を受けている企業は、財務の状況や返済の状況によって債務者区分が付けられる

43 「信用格付」はこのように行われる

前項では、自己査定による「債務者区分」について述べましたが、債務者区分が行われた後、銀行は企業ごとに「信用格付」という作業を行います。

債務者区分は5段階（要管理先を入れれば6段階）に分かれていますが、信用格付は債務者区分と連動するものです。

たとえばある銀行では、信用格付は1～12格となり、1～6格までは正常先に割り当てられ、7・8格は（一般の）要注意先、9格は要管理先、10格は破綻懸念先、11格は実質破綻先、12格は破綻先、と分かれています。

さらにこの銀行では、正常先である1～6格についても、①定量要因と②定性要因の2つの要因で点数付けされ、その点数によって、正常先のなかで何格かという格付が決まります。「定量要因」とは、決算書による財務分析の結果が点数化されたものです。「定性要因」とは、決算書では表されない企業の実態を、銀行員が判断して点数付けしたものです。信用格付を行う方法は各銀行で異なっていますが、基本は同じです。

信用格付による点数の満点が100点だとしたら、そのうちの70～90点が定量要因、10～30点が定性要因の項目に配分されています。

定量要因では、次の3つの観点に基づいて、それに関わる財務指標が算出され、その指標がどの業種でどの水準だったら何点、というように決められています。

・**安全性**……企業が今後も倒産することなく、継続して事業が営まれるかどうかを表す財務指標（例：当座比率、自己資本比率）

・**収益性**……企業の利益状況はどうかを表す財務指標（例：売上高経常利益率、総資産経常利益率）

・**返済能力**……企業が返済を滞りなく続けられるかを表す財務指標（例：債務償還年数、インタレスト・カバレッジ・レシオ）

これらについては、次項からその内容を詳しく説明しますが、そのほかにも、企業の成長性（売上・利益の伸び）を考慮して点数付けしている銀行もあります。

また定性要因とは、決算書では表されない企業の実態のことですが、経営者の能力・企業の販売力・業界での競争力・企業の含み資産など、いろいろな判定項目があります。

定性要因は、決算書では測りようがないため、銀行員の主観で点数が付けられます。業界での競争力について例を取ると、業界シェアはナンバー1であり競争力が強い場合は5点、業界シェアは下位であり競争力が低い場合は1点、というように点数付けされます。

以上のような点数を合計して何点かで、信用格付が決められます。

ポイント
債務者区分と連動し、定量・定性の2つの要因を評価して点数付けがされる

44 企業の「安全性」はどうやって評価されるか

銀行が企業の安全性を評価するための財務項目で、代表的なものは左図のとおりです。これらの算式に、貸借対照表に計上されている各数値を当てはめることにより、それぞれの財務比率が算出されます。

●当座比率……当座資産は、容易に現金化できる資産です。この当座資産と、短期に支払時期がくる流動負債との割合で、企業の即時的な支払能力がどれだけあるかがわかります。この比率が高いほど即時的な支払能力があり、経営の安全性が高いということになります。

●流動比率……短期に支払時期がくる流動負債に対し、これを支払うのに必要な財源である流動資産と比較することによって、企業の短期的な支払能力がどれだけあるかがわかります。この比率が高いほど短期的な支払能力があり、経営の安全性が高いということになります。

●固定比率……固定資産がどの程度純資産でまかなわれているのかがわかります。固定資産に投資された資金は、即時の現金化が簡単ではなく、長期にわたって固定化されてしまうため、返済の必要のない企業の純資産でできるだけまかなえるとよいのです。この比率が低いほど純資産内で固定資産がまかなわれていることになり、経営の安全性が高いということになります。

安全性を評価するための主な財務項目

●当座比率＝当座資産÷流動負債
当座資産＝現金預金＋受取手形＋売掛金＋（流動資産の部にある）有価証券

●流動比率＝流動資産÷流動負債

●固定比率＝固定資産÷純資産

●固定長期適合率＝固定資産÷（固定負債＋純資産）

●自己資本比率＝純資産÷総資産

●固定長期適合率……短期に支払いのこない固定負債と、返済の必要がない純資産とで固定資産がまかなえるのであれば、資金繰りが安定します。この比率が低いほど、経営の安全性が高いということになります。

●自己資本比率……総資産に対する純資産の割合で、純資産がどれだけ充実しているかがわかります。純資産は返済の必要がないため、この比率が高いほど経営の安全性が高いと言えます。

これらの比率は、決算書を出してくればすぐに計算できるものなので、みなさんも計算してみてはいかがでしょうか。

なお、これらの財務比率のなかで、銀行が一番注目するのは自己資本比率です。純資産が充実している企業ほど、自己資本比率が高くなり、銀行から高評価を受けて融資が受けやすくなります。

ポイント　当座比率、流動比率、固定比率、固定長期適合率、自己資本比率などを見る

45 企業の「収益性」はどうやって評価されるか

企業の収益性を評価するための財務項目で、代表的なものは左図のとおりです。

これらの算式に、損益計算書と貸借対照表に計上されている各数値を当てはめることにより、それぞれの財務比率が算出されます。

●売上高経常利益率……企業の経常的な事業活動において、どれだけの収益力があるかがわかります。この比率が高い企業ほど、収益性の高い企業と言えます。

●総資産経常利益率……企業が事業に投下した総資産が、どれだけの経常利益を生み出したかがわかります。この比率が高い企業ほど、収益性の高い企業と言えます。

損益計算書を見ると、利益には、売上総利益、営業利益、経常利益、税引前当期利益、(税引後)当期利益がありますが、この両方の財務指標に経常利益が使われていることから、経常利益が銀行が最も重視する利益であることがわかるでしょう。

営業利益は、企業の営業活動によって得た利益と言えます。この利益が高いほど、企業は本来の営業活動で利益を出していると言えます。

経常利益は、営業利益に受取利息・配当金、雑収入など、企業に経常的に入る収入を加え、支払利息、手形売却損など、企業から経常的に出る支出を除きます。経常利益はこのように、

収益性を評価するための主な財務項目

●売上高経常利益率＝経常利益÷売上高

●総資産経常利益率＝経常利益÷総資産

企業が経常的にどれだけの利益を出すことができるかを表します。

当期利益は、経常利益に特別利益・損失を加除したものです。特別利益には固定資産売却益などが、特別損失には固定資産売却損などがありますが、こうしたその期だけの一時的な利益・損失が加除されるため、当期利益では企業の本来の収益性が表されないのです。

そのため銀行は、企業が経常的にどれだけの利益を出すことができるかを表した経常利益を最も重視し、売上高経常利益率と総資産経常利益率により、企業の経常的な収益性を知ろうとします。

経常利益の赤字が毎期続くと、企業として経常的に利益を上げることができないと銀行は見てきます。営業利益の赤字が毎期続くと、企業が営業活動を行っても赤字となるため、事業をやめてしまったほうがよいと見られます。

当期利益の赤字は、特別利益・損失による一時的なものであればよいのですが、経常利益・営業利益が赤字となると、銀行としては融資を行いづらくなります。そうならないように、利益には注意を払っておくことが必要です。

銀行が最も注目する「経常利益」に関わる数値によって評価される

ポイント

46 企業の「返済能力」はどうやって評価されるか

企業の返済能力を評価するための財務項目で代表的なものは、左図のとおりです。これらの算式に、損益計算書と貸借対照表に計上されている各数値を当てはめることにより、各財務比率が算出されます。

●債務償還年数……有利子負債とは、借入金・社債など、利子を支払う必要がある社債のことを言います。またこの財務指標では、企業の返済原資を営業利益と減価償却費を合計したものと見ます。減価償却費は、費用とされるものの実際には現金の流出がないため、これも合わせて返済原資とします。

つまり債務償還年数とは、有利子負債を、何年で返済することができるか、それを表したものです。当然、この年数が短いほうが、企業の返済能力は高いと銀行は評価します。

●インタレスト・カバレッジ・レシオ……この財務指標は、企業の利息支払能力を表します。営業利益と受取利息配当金を利息支払いのための原資と見なし、それが支払利息・手形売却損の何倍あるかがわかります。この倍率が大きいほど利息支払能力が高く、返済能力も高いと銀行は評価します。

借入金が大きくなってしまっている企業は多くあります。そのような企業は、逆に考えると、銀行から多くのお金を借りる力があったということを意味します。たとえば、担保となる土地があったり、資産の豊富な保証人が付くと、企業は銀行から多くの融資を受けることができます。ただ、決算書を粉飾して実態よりよく見せている企業も、銀行から融資を受けやすくなり、借入金が多くなります。

借入金が多くなった企業は、①ムダな不動産を購入したりして多くの資金需要が発生し、その結果、借入金がふくらんでしまった、②赤字を補填するために粉飾決算を行ってでも融資を受け、企業を利益体質にすることは後回しにしてしまったため、どんどん借入金がふくらんでしまったなど、よくない理由である場合がほとんどです。

そのような企業は、借入金が大きくなっているのですから、支払わなければならない利息も増え、その結果、返済能力は低いと銀行は評価します。

返済能力が高い企業であると銀行から見られるためには、ムダな借入は増やさない、赤字補填の借入は増やさずに黒字転換という根本的な解決を先にやる、などの対策が有効です。

返済能力を評価するための主な財務項目

●債務償還年数＝有利子負債÷（営業利益＋減価償却費）

●インタレスト・カバレッジ・レシオ
＝（営業利益＋受取利息配当金）÷支払利息・手形売却損

ポイント
ムダな借入は増やさない、赤字補填の借入は増やさないなどを徹底する

47 債務者区分を上げるにはどんなことができる

赤字・繰越損失などで、債務者区分が要注意先候補になってしまっても、正常先に判定される方法があります。

たとえばそれは、①赤字が一過性であり、次期決算では黒字化すること、②次期決算で繰越損失が解消される見込みであること、などをアピールするといった方法です。

決算書が赤字となってしまったら、それは仕方がありません。要は、次の決算では黒字になるとか、繰越損失は解消するということを、いかに銀行にアピールできるかが重要なのです。

ただ、銀行にアピールするにしても、根拠がなければなりません。根拠として一番よいものは「事業計画書」です。今期はなぜ黒字になる見込みなのか、どれだけの黒字となる見込みなのかを、事業計画書にして説明することが、銀行にアピールするにはとても有効です。

その事業計画書も、ただ数字を書くだけではなく、その根拠、たとえば「赤字の原因は、経費がふくらんだことで、それについては、○○営業所の人員削減、費用対効果に見合った広告へ出稿を絞るなど、経費を削減することで黒字化する見込みである」というような記述をしておくことが必要です。

また、要注意先候補が正常先になるだけではなく、破綻懸念先候補が要注意先になるといったケースも多くあります。

破綻懸念先になりそうな企業であっても、企業の技術力、販売力、成長性などを銀行にアピールし、近年中に黒字化されることを銀行に確信させることが有効です。その他、代表者等の役員に対する報酬が多く、その結果、赤字となっている場合や、代表者が豊富な収入源や資産を持っている場合など、企業に有利になりそうなことであれば、銀行に積極的にアピールすることが有効なのです。

債務者区分の判定は、形式的な基準がありながらも、企業の将来の業況がどうなりそうかも含めて検討されます。そのため、アピールできることはアピールしておいたほうがよいのです。その結果、銀行がよい債務者区分に引き上げてくれるかもしれません。

そうしたアピールは、口頭ではなくぜひ書面で行うことをお勧めします。口頭でのアピールは、銀行の担当者レベルで終わってしまいます。書面であれば銀行の上層部までその資料が回覧されるため、アピール度が高くなります。また、銀行に伝えたいことが正確に伝わります。

赤字だから、債務超過だから……と諦めることなく、できるだけ手を尽くすことで銀行が債務者区分を引き上げてくれ、その結果、融資を受けやすくなることにつながります。

ポイント よくない債務者区分をされても、自社の改善点などを具体的にアピールし続けることが重要

48 格付を上げるにはどんなことができる

ある銀行では、正常先の企業でも6段階に信用格付が分かれています。格付が高いほど、銀行から融資は受けやすくなり、低い金利を提案されるなど、メリットが多くありますから、債務者区分とともに、信用格付もよくしておいたほうがよいのは当然です。

そのための方法を考えるのに、もう一度、信用格付が行われる要素を見直してみましょう。先に説明したとおり、信用格付が行われる要素というのは、「安全性」「収益性」「返済能力」でした。

たとえば「安全性」についてですが、安全性を表す財務指標には、自己資本比率というものがあります。この自己資本比率を高くするには自己資本、つまり純資産ができるだけ多くなるように取り組んでいくことが必要です。

そのためには、節税を考えるよりも、税金を支払ってでも利益を多く計上することを考えて決算書をつくることが求められ、そうすることで純資産が多くなり、自己資本比率が高い決算書になります。

また、自己資本比率の計算式をよく見てみると、**(自己資本比率＝純資産÷総資産)** となっており、純資産を大きくするとともに、分母である総資産を小さくすることも、自己資本比率を向上させる1つの手であるということがわかります。総資産は、ムダな資産を売却してその分を借入金返済に回すことにより、小さくすることができます。

ここでは自己資本比率を例に取り、企業の日頃からの対策によって比率は良好になり、その結果、信用格付が上がることを説明しましたが、このように、信用格付で使われる財務比率の計算式をよく見てみることにより、どのように対策を打っていったら信用格付がよくなるかが見えてきます。

信用格付をよくすることにつながる一番の方法は、「利益」を高くすることです。利益を高くすることが、まず収益性の財務比率をよくし、返済能力の財務比率をよくします。また利益が積み上がっていくため、純資産が大きくなって安全性の比率もよくなります。

むずかしいことを考えなくても、まずは利益を高くするためにはどうすればよいかを考えてみてはいかがでしょうか。

「信用格付が高くなる経営」というものをテーマにしてみるのもよいでしょう。そのためには利益を上げなければならないので、企業の業績をよくするためにはどうすればよいかを考えるようになります。そして信用格付が高くなったら、銀行から融資が受けやすくなるし、金利も有利になると、よいことばかりです。業績がよくなると手元の現金が増えていくので、逆に銀行から融資を受ける必要がなくなるかもしれません。

ポイント

信用格付を上げるための努力は、優良な企業になるための道でもある

49 格付を上げるには試算表段階から気を配ることが大事

ここまでの話のとおり、債務者区分の判定や信用格付は、銀行が主に決算書を見て行うということになります。

決算書は、1年分の企業の経営成績が反映されたものです。それを分解すると、1か月1か月の経営成績の積重ねが12か月分となり、それが決算書に表されます。

そうであれば、1か月1か月の試算表の内容が、信用格付を高くするには大事であるということになります。

1か月分の試算表を作成→経営成績を見ての反省と対策→次の1か月の経営に活かし、次の試算表はよい経営成績となることを目指す

この毎月のサイクルの繰返しが、よい決算書づくりに結び付きます。

ですから、よい決算書をつくるためにも、まずは試算表を毎月、翌月の早い時期に計上できる体制を整えることが必要、と私は感じています。

試算表をつくるには、経理業務をきちんと行わなければなりません。企業内に適した人材がいるなら、その人が経理業務を行うのがよいでしょう。適した人材がいない場合や、経理業務をアウトソーシングして本業集中を目指すのなら、記帳代行会社に外注するのも1つの手です。要は、試算表が毎月、上がってくる体制を整えればよいのです。

どんぶり勘定の経営者は、試算表を毎月作成する重要性が理解できず、まとめて試算表を作成するようにしがちです。なかには、決算期が過ぎて顧問税理士が1年分の経理をまとめて行い、そこで初めてその1年間の業績が黒字か赤字かがわかる、などというずさんなところもあります。

試算表は、毎月作成するべきです。自社でできなければ、外注を使ってでも行うべきです。それができなければ、思うように融資を受けられる企業には永遠になれない、と考えてよいでしょう。

試算表ではまず、その1か月でどれだけの利益を稼ぐことができたかを見たほうがよいでしょう。そしてその利益を出すために、どれだけの売上を上げたか、どれだけの経費を使ったかを見ていきます。

もし赤字であっても、試算表を見れば、原因はどこにあったのかすぐにわかります。過去の売上や経費の数値と見比べることも有効でしょう。

そして次の月は黒字になるように、対策を立てて事業を営んでいく、この繰返しが格付を高くする結果に結び付きます。

ポイント 試算表で自社の月々の状況を把握し、対策を打っていくことで企業内容を上げることができる

50 銀行の行う信用格付作業の例を見る

それでは、銀行が実際にどのように信用格付の作業を行っているかを、見てみることにしましょう。

格付にあたっては、44～46項のように、企業の決算書をもとに各種財務比率をまず計算します。そのうえで、その各数値が業種ごとの点数表と照らし合わせて何点となるかを見て、それを合計するという作業が行われます。

次頁は格付の判定表の例です。参考までに、皆さんの会社の「当座比率」以下の各数値を計算して、それを上の表の「数値」欄のところに書き入れてみてください。そして、その数値の配点が何点であるのかを、下の「点数表」のどこに位置するかで確認し、該当する点数を上の表の「得点」欄に記入します。この例は、点数表が製造業のものですので、製造業以外の皆さんの正確な格付はわかりませんが、格付作業の進め方はこんな形です。

さらに、次々頁のような定性要因が加わり、定量要因との合計で、一番最後の表のように判定をしていきます。これはあくまである銀行が「製造業で正常先」の企業で行う格付の例で、銀行によっていろいろなやり方が取られます。

「格付判定表」の例

●定量要因

財務比率		数値	配点	得点
安全性	当座比率	%	5	
	流動比率	%	5	
	自己資本比率	%	10	
収益性	売上高経常利益率	%	10	
	総資本経常利益率	%	10	
返済能力	債務償還年数	年	10	
	インタレスト・カバレッジ・レシオ	倍	10	
				合計

製造業・点数表（業種ごとに点数表がある）

		10	9	8	7	6	5	4	3	2	1	0	基準
当座比率	%						125	106	92	78	65		以上
流動比率	%						158	134	117	99	82		以上
自己資本比率	%	41	36	32	27	22	18	14	9	5	0		以上
売上高経常利益率	%	5.8	5.1	4.5	3.8	3.2	2.5	1.9	1.3	0.7	0		以上
総資本経常利益率	%	5.5	5.1	4.7	4.3	4.0	3.7	3.5	3..2	2.9	2.6		以上
債務償還年数	年	1	3	5	7	10	12	13	15	20	20超	マイナス	以下
インタレスト・カバレッジ・レシオ	倍	5	4	3	2.5	2	1.75	1.5	1.25	1	0.75		以上

なお、「基準」欄で「以上」というのは各財務指標の数値以上だったら点数が付与され、「以下」というのは各財務指標の数値以下だったら点数が付与されることを示している

●定性要因

項　目	5点	3点	1点
経営者の能力	能力は評価できる	能力は平凡	能力に問題あり
業界での競争力	業界でシェア高い	業界内で一定の地位	業界内で下位
業界の将来性	将来有望な業界	安定的な業界	将来懸念ある業界
企業の含み益	含み益が多い	含み益なし	含み損を抱える

		合計点数
正　常　先	格付1	66～80
	格付2	50～65
	格付3	36～50
	格付4	21～35
	格付5	11～20
	格付6	00～10
(一般の) 要注意先	格付7・8	
要 管 理 先	格付9	
破綻懸念先	格付10	
実質破綻先	格付11	
破　綻　先	格付12	

6章

融資を行う機関ごとの特徴を知る

——〝敵〟を知ることでその攻め口が見えてくる

51 銀行や信用金庫は身近な存在

株式公開企業の資金調達の手段は、増資や社債発行など、もっぱら市場からの調達が多くなります。しかし、そのような手段を取るのが困難な中小企業は、金融機関から融資を受けることによって資金調達を行うことになります。

金融機関と言っても、銀行、信用金庫、信用組合、政府系金融機関、ビジネスローン専門金融機関、商工ローンなど、多くの種類があります。そのなかで中小企業にとって身近な存在と言えば、銀行、信用金庫、信用組合（以下、まとめて銀行と言う）でしょう。

信用保証協会の保証を付けた融資を受ける場合も、その保証の申込みには、銀行が窓口となってくれます。また、売上入金、振込、公共料金などの口座振替、手形取立、小切手・手形決済の利用など、企業が事業を行うにおいて銀行は欠かせないものです。銀行に預金口座を置いていない企業は皆無でしょう。

その身近な存在である銀行は、融資を相談する際にも利用しやすいところです。

銀行を細かく分けると、都市銀行、地方銀行、信託銀行となります。

都市銀行には三菱東京ＵＦＪ銀行、みずほ銀行、三井住友銀行、りそな銀行がありますす。ここ10年、合併の繰返しでこの４つに集約されました。

地方銀行は、各都道府県に1つ以上あります。各地域に密着した営業を行う銀行です。信託銀行は、信託業務を中心に行う銀行です。中小企業にとってはあまりなじみがないかもしれません。

また、信用金庫があります。信用金庫は都道府県のなかのその一部地域など、地方銀行よりさらに細かい地域に密着した営業を行う金融機関です。

他に信用組合がありますが、信用金庫をもっと小規模にしたような金融機関です。信用組合はここ10年、多くの信用組合が破綻、統合し、数が少なくなっています。

このように、銀行と言っても細分化されており、それぞれに特徴があります。また都市銀行間、地方銀行間、信用金庫間でも、個別にそれぞれ特徴があります。中小企業としては、この金融機関は融資に柔軟であるとか、融資審査は厳しいとか、担当者がきめ細かい対応をしてくれるとか、担当者はあまり相手にしてくれないなど、金融機関と付き合っていくなかで、もしくは他社から情報収集をするなどして、それぞれの金融機関の特徴を知っておくことが、今後の銀行との取引においては有効になってきます。

1つの金融機関で融資審査が通らなくても、別の金融機関に融資を申し込んだら通ったというケースはよくあります。決して諦めないで、多くの金融機関と付き合うようにしてください。

ポイント
どんな企業でも付き合いがあるだろうが、さらに個別に特徴を知って付き合おう

52 中小企業にもメリットが多い政府系金融機関

銀行などの民間の金融機関と、政府系金融機関との最大の違いは、営利を目的としているかどうか、ということです。

銀行は、貸倒れにより損失を出してしまっては、事業が立ち行かなくなります。そのため、融資ができる企業とできない企業をはっきりと選別します。

それに対し政府系金融機関は、営利が目的ではありません。政府系金融機関の使命は、日本の企業がスムーズな資金調達によって事業活動を行うことにより、結果として日本の経済を活性化させることです。そのため、銀行よりリスクを多く取ります。その結果、銀行に融資を実行できないと断られてしまった企業でも、政府系金融機関に申し込んだら融資を受けることができたというようなことは多くあります。

また、政府系金融機関は営利を目的としないため、金利は低目に設定されています。

そうしたメリットの一方、政府系金融機関には、①支店が少ない、②1つの支店がたくさんの企業を受け持つため、1つひとつの企業に親身になって応対することができない、といったデメリットがあります。このようなデメリットを考えると、融資を受ける先を政府系金融機関だけに頼ることはやめたほうがよいでしょう。融資を受ける先を銀行などにも求め、選択肢を多く持っておいたほうがよいのです。

日本にはいろいろな政府系金融機関があり、それぞれ特徴があります。中小企業が利用することが多いのは、次の3つの政府系金融機関です。

・国民生活金融公庫（国金）…小規模企業・個人事業主向け融資の取扱いが多い。創業資金のラインナップが充実している。

・中小企業金融公庫（中小公庫）…設備資金等、金額が大きく期間が長い融資の取扱いが多い。

・商工組合中央金庫（商工中金）…国民生活金融公庫より大きな規模の中小企業向け融資の取扱いが多い。

この3つの政府系金融機関のうち、中小企業がはじめに行くのは国金です。国金は、創業のための融資制度が充実しており、創業者はまずは国金に行くことが、セオリーとなっています。また、中小公庫・商工中金に比べて、国金は融資審査のハードルが低くなっています。

中小公庫・商工中金は、年商数億円以上であることや、担保が必要である場合が多いのですが、国金は年商数千万円の小規模企業、個人事業主でも融資が受けやすくなっています。中小企業が政府系金融機関を利用しようとするなら、まずは国金に行きましょう。

※国民生活金融公庫・中小企業金融公庫は2008年10月、「日本政策金融公庫」として統合。商工組合中央金庫とともに、2008年10月から5年～7年かけて完全民営化されることになっている。

ポイント 営利目的でないことが特徴だが、なかでも業歴が浅い場合は国金の利用を考えるとよい

53 中小企業にとって一般的な信用保証協会

銀行員が、「プロパー」とか「保証付」という言葉を発する光景を目にした方は多いのではないでしょうか。また、銀行取引に慣れてきた中小企業の経営者も、これらの言葉を普通に使います。

「保証付」とは、信用保証協会の保証が付いた融資、「プロパー」とは、信用保証協会の保証が付かない融資のことを指します。銀行からの融資は、大きく「プロパー」と「保証付」という、2つに分かれます。それほど、信用保証協会の保証を付けた融資、いわゆる「保証付融資」は、中小企業にとっては一般的な融資なのです。

保証付融資は、もし貸倒れがあっても、信用保証協会が代わりに銀行に返済（これを「代位弁済」と言う）してくれるもので、銀行としてはリスクはありません。代位弁済されると債権は銀行から信用保証協会に移るため、その後は、企業は信用保証協会に返済を行っていかなければなりません。

信用保証協会は、全国47都道府県に必ず1つ以上はあります。

企業が銀行から融資を受けるにあたって、業績が芳しくない、企業の規模が小さい、担保がない等、融資を受けることがむずかしい場合、融資の保証を信用保証協会に依頼することによって、融資が受けやすくなります。

銀行にとって保証付融資は貸倒れのリスクがないため、銀行独自では融資審査が通らなくても、信用保証協会の審査が通ればほとんどの場合、保証付融資として実行します（信用保証協会の保証が通ったら、銀行は絶対に融資をしなければならないわけではない）。銀行よりも、信用保証協会のほうが融資審査は通りやすい傾向があります。

保証付融資には、「一般融資」と「制度融資」とがあります。

制度融資とは、国や県、市が定型の融資制度を設定し、実際は信用保証協会がその融資の保証を行うもののことを言います。そうでない信用保証協会の保証によるものを、一般融資と言います。制度融資は金利が低く、また固定金利であることが特徴なので、信用保証協会を利用しようとする場合、よい制度融資がないか探してみるとよいでしょう。

制度融資は各地域によって用意されているものが違いますが、各地域の信用保証協会のホームページで調べたり、銀行に直接問い合わせてみてはいかがでしょうか。

また保証付融資は、銀行からプロパー融資を受けるよりも、借入期間を長く設定しやすくなっています。銀行は、返済期間をなるべく短くしようとしますが、信用保証協会の保証を付けると、返済期間を長く設定しやすいのです。信用保証協会は非営利ですから、リスクが取れるのです。

ポイント

非営利なためリスクを多く取れるので、銀行融資がむずかしい場合でも審査が通りやすい

54 融資金利が8～15％のビジネスローン専門金融機関

日本の金融機関は、融資の際の金利によって、左図のように3つに分けられます。

つい数年前までの日本では、銀行・信用金庫など1～5％の低金利で融資を出すところと、商工ローンなど15％以上の高金利で融資を出すところの2つくらいしかありませんでした。ところがここ数年、銀行やノンバンクの出資などにより、その中間の8～15％の金利で融資を行う金融機関が相次いで設立され、中小企業が融資を受けるにあたっての選択肢が広がりました。

ここでは、8～15％の金利帯で融資を行う金融機関を、ビジネスローン専門金融機関と呼ぶこととします。ビジネスローン専門金融機関には、新生ビジネスファイナンス、ビジネクストなどがあります。

銀行も、ビジネスローンという、コンピュータが審査結果をはじき出す融資商品を出していますが、ここで言うビジネスローン専門金融機関のビジネスローンは、銀行のビジネスローンに比べて金利は高利です。しかし金利が高い分、融通はききやすいと言えます。

ビジネスローン専門金融機関のビジネスローンも、融資実行の可否、融資の条件について、コンピュータが自動的に審査します。コンピュータには、決算書の数値を入力しますが、人間の目で見た定性面も合わせて入力され、審査されているようです。
たとえば、「経営者が目を合わせて語っているか」というような項目まで点数化されているようなので、ビジネスローン専門金融機関の職員と話をするときも気が抜けません。

また、「一見客」より「紹介客」のほうが、審査における点数が高く、融資審査は通りやすい傾向にあります。「一見客」とは、つまり飛び込みで来た客のことです。「紹介客」とは、知り合いの社長、税理士、コンサルタントなど、どこかからの紹介で来た客のことです。

一見客と言うのは、いろいろな金融機関を回ってみて、ダメだったからここに来たという可能性が高い客です。それに対して紹介客は、紹介者としても変な企業を紹介するわけにはいかないため、しっかりした客である可能性が高くなります。

ある金融機関の方から聞いたのですが、紹介客に比べて一見客に行った融資のほうが、貸倒れになる可能性が明らかに高いようです。そのため多くの金融機関では、紹介客のほうが融資審査が通りやすいようにしています。

金融機関別の融資金利

金融機関	金利帯
銀行・信用金庫	1%～5%
ビジネスローン専門金融機関	8%～15%
商工ローン	15%～

ポイント
従来の融資のスキ間を埋める新しい金融機関で、中小企業の選択肢が広がった

55　審査は通りやすいが高金利な商工ローン

商工ローンは、15%以上の高金利で事業資金の融資を行う金融機関です。その金利の高さゆえ使い方を間違えると、中小企業は一気に厳しい状態に向かいます。ただ、商工ローンは融資審査が通りやすいため、入金の予定があって一時的に資金不足を補うという目的であれば、なにかと便利です。

やってはならないことは、赤字補塡のために商工ローンを使うことです。赤字補塡で商工ローンを使うと、赤字の上に金利の負担も大きくなり、企業は一気に苦境に陥ります。

商工ローンの審査は、決算書よりも信用情報による部分が大きくなっています。信用情報とは、他社の商工ローンで何件、いくら借りているかということです。他社での借入が多いと、商工ローンといえども融資審査は通りにくくなります。商工ローンに融資を申し込むと、信用情報が入念にチェックされます。融資申込時に他社の商工ローンで借りている事実を隠しておいても、信用情報を見られることによりわかってしまいます。

また、代表者が個人的に消費者金融などで多く借りている場合も、融資審査は通りにくくなります。代表者が、企業名ではなく個人名で借りていても、個人で受けた消費者金融の融資を会社に貸し付けているケースが多いので、会社と個人は一体として見られます。

商工ローンでは、「第三者保証人」を要求してくるケースが多くあります。第三者保証人とは、その会社の役員ではないとか代表者と生計をともにしている者ではないなど、「関係者保証人」でない人のことを言います。関係者保証人たちは、その会社が倒産してしまったら同様に収入がなくなってしまい、保証能力は低くなるため、第三者保証人を要求してくるのです。

ただ、そこが社会問題にもなっています。商工ローンを使う企業は、業況が厳しいケースがほとんどなので、商工ローンの保証をした第三者保証人が、企業が返済不能になって代わりに返済をしなければならなくなるケースはとても多いのです。企業の代わりに返済をすることを覚悟したうえでなければ、商工ローンの保証人になるものではありません。

赤字である場合や、黒字であってもその金額がわずかで、利益で融資の返済がカバーできず、また銀行から融資を受けることもできない場合、商工ローンの誘惑に負けて融資を受けてしまう企業があります。その場合に有効なのは、商工ローンから受けた融資で銀行に返済を続けるのではなく、「リスケジュール」という銀行への返済条件緩和交渉を行うことです。

リスケジュールがイヤだからと、商工ローンから融資を受けてムリに銀行への返済を続けている状態というのは、言わば高金利の融資で低金利の融資を返済している状態であり、本末転倒です。商工ローンの利用は、資金繰り表もつくったうえで慎重に検討するべきです。

ポイント 利用の仕方を間違えると厳しい状態になるため、利用は慎重に検討することが必要

56 融資・リースなどの業務だけを行うその他ノンバンク

ノンバンクとは、預金の受入れはせずに、融資・リースなどの金融業務のみを行う金融機関のことを言います。商工ローン、ビジネスローン専門金融機関、リース会社、消費者金融、信販会社、クレジット会社などがあります。

商工ローンとビジネスローン専門金融機関については説明しましたので、ここではそれ以外のノンバンクについてお話ししますが、中小企業と接する機会が多いノンバンクには、リース会社、不動産担保金融会社などがあります。

リース会社とは、リース業を行う金融機関のことを言い、オリックスなどがあります。リース会社でも、中小企業向けのビジネスローンなど、融資商品を設定しているところがあります。取引のあるリース会社などに、中小企業向けの融資商品がないかどうか、聞いてみてはいかがでしょうか。

不動産担保金融会社とは、不動産担保を前提とした融資を中心に行っている金融機関のことです。銀行などでも、不動産に担保を付けて融資を行うことはよくありますが、不動産担保金融会社の特徴としては、①担保評価額が高い、②決算書の内容はほとんど関係なく、担保価値のみを見て融資を行う、といったことがあります。

銀行の担保評価は不動産の場合、時価の7割といったところですが、不動産担保金融会社は9～10割で担保価値を評価してくれるため、銀行に比べて大きな金額の融資が受けやすくなります。

また、銀行は不動産担保の評価があっても、債務超過や赤字などで決算書の内容が悪い場合、融資をしてくれないことが多いのですが、不動産担保金融会社は、決算書の内容はほとんど関係なく、担保評価を見て融資してくれます。

消費者金融、信販会社、クレジット会社は、個人向けに金融を行う業者なので、中小企業としては接点がありませんが、中小企業の資金調達において、これら個人向け金融機関が活用されることもあります。

たとえば、代表者や役員それぞれが個人名で、消費者金融から融資を受けたり、クレジットカードのキャッシング枠を使うなどして、融資を受けたお金をそのまま会社に貸し付け、企業の資金繰りにあてる場合です。個人名義のクレジットカードのショッピング枠で、会社の経費を支払う場合も同じです。

しかし、企業で融資が受けられず、個人で融資を受けてそれを会社に貸し付けるということは、自転車操業状態になっている証拠とも言えます。そのような状態にまでならないよう、日頃から資金繰りは注意深く行うことが必要です。

ポイント
それぞれの特徴をよく知り、用途に応じて使い分けられるようにする

57 付き合う銀行や信用金庫はどう選ぶか

中小企業が融資を受ける場合、最も利用することが多いのは、銀行や信用金庫（以下、銀行と言う）などになります。しかし、銀行と言っても多くの銀行があり、どこと付き合っていけばよいか、迷われる方は多いのではないでしょうか。

企業は、融資を受けようとする以前に、預金口座の開設を銀行で行う必要があります。その口座は、売上入金を受け入れたり、そこから振込を行ったり、口座引落し、手形取立、小切手・手形の決済など、企業が事業活動を行うために多くの機能を果たします。

そうすると、自然にメインとなる預金口座は決まってきますが、その預金口座を置いてある銀行が、必ずしもその企業の融資などの支援に積極的になってくれるとは限らないのが、企業としては悩むところです。

預金口座を開設する際、自社の本社の近くに支店がある地方銀行と信用金庫、それに少し離れていても都市銀行に、１つずつ口座を開設することをお勧めします。

都市銀行は、中小企業に対してきめ細やかな対応をしてくることはほとんどありません。人員をかなり減らしているため、都市銀行と付き合っている企業すべてにそうした対応をすることは不可能なのです。ビジネスローンの営業で、都市銀行の営業マンが訪問をしてくれることもありますが、それは単なる融資の売込みだけで、継続的な対応をしてくれることは期待しないほうがよいでしょう。むしろ、地方銀行や信用金庫に、そうした対応が期待できます。

ここで言うきめ細やかな対応とは、定期的に訪問してくれ、経営情報などを持ってきてくれたり、融資について提案してくれる、といったことです。昔は、集金も当たり前のように行われてきましたが、いまや金融機関にとって「利益を生まない業務」ということで、最近は行わないようにしているのが現状です。

地方銀行に比べて信用金庫は、融資できる金額は少なめ、金利は高めになることが通常ですが、その分、融資には柔軟に対応してくれるため、将来、融資取引につながっていくことを期待して、地方銀行と信用金庫に1つずつ、預金口座を置いておくとよいでしょう。もちろん1つずつではなく、2~3あってもかまいません。

企業が対外的に自社を紹介する「会社案内」「会社概要」と呼ばれるものには、取引銀行を記載するのが普通です。そこに都市銀行の名前をはじめに置いておくと、なぜか見るほうとしては、「都市銀行と付き合っているのか」と感心し、それだけでも会社案内の見栄えをよくする効果があります。そのため、都市銀行にも1つ、預金口座を置いておくとなにかと便利です。

販売先に送る請求書に記載する振込先口座も都市銀行にしておくと、それも見栄えがよくなるでしょう。

ポイント
実質的に頼りになる地方銀行や信用金庫と、見栄えのための都市銀行の両方と付き合うとよい

58 中小企業は融資を受ける銀行をどう選ぶか

預金口座を開設後、企業に資金調達の必要が出てきたら、融資を申し込まなければなりません。ここにきて、預金口座を開設し、その口座でいろいろな取引をしてきたことが活きてきます。そうした実績だけでも、企業の銀行に対する信用になるのです。

一見で融資を申し込んできた企業は、私のいた銀行では話だけは聞いて、よほどその企業の内容がよさそうでない限り融資を断って、そのまま帰ってもらっていました。なぜなら、そのような一見客は多くの場合、他のいろいろな銀行にも同じように融資を申し込んでいるからです。他のところで断られてこの銀行に来た、そういうパターンが多いのです。

他のところで融資を断られた企業に融資を行うと、貸倒れの可能性は高くなる傾向があります。そのため、一見客は銀行にとっては「要警戒客」なのです。

それに対して、その銀行に預金口座を持ち、そこでいろいろな取引をしてきた企業が融資を申し込んできたら、そうした実績が銀行に対する信用になり、融資を申し込んできた立派な理由になります。

ですから、まずは預金口座がある銀行で融資を申し込むのが、中小企業にとってはよい方法となります。銀行からは、融資を申し込むにあたっていろいろなアドバイスをもらうことができます。銀行の担当者が定期的に企業を訪問している場合はその担当者に、訪問してこない場合は企業側が直接、銀行の支店の融資窓口を訪問して、融資の申込みを行うとよいでしょう。

銀行のスタンスによって、保証付融資、銀行独自のビジネスローン、そのいずれかを勧めてくる場合がほとんどです。その銀行で初めての融資となる場合は、この2つのいずれかとなります。初めからプロパー融資ということは、よほどしっかりした担保を提供できるのでなければむずかしいでしょう。

保証付融資は、銀行の貸倒れリスクがないものであり、企業としては「銀行がリスクを取ろうとしないので、その銀行から融資を受ける意味がない」ととらえるかもしれませんが、銀行は、初めの融資はできるだけリスクを抑えようとするのが普通です。保証付融資であっても、提案を受け入れてください。そして返済を遅らせずに進めていくことによって、企業の信用を高めることになります。そうすると、次の融資ではビジネスローンを提案してくれたり、いずれはプロパー融資を提案してくれることも期待できます。

ただ、都市銀行など銀行の営業マンがいきなり企業を訪問して、ビジネスローンを勧めてくる場合もあります。その場合は、たとえその銀行とまったく取引がない場合でも、融資が必要であればその提案を受け入れたほうがよいでしょう。

ポイント
口座を持って取引している実績が信用につながるため、まずは口座のある銀行に申し込む

59 複数の銀行や信用金庫とどう付き合うか

融資を受ける銀行は、1つに絞らないほうがよいでしょう。初めは1つの銀行から融資を受けても、徐々に融資取引銀行を増やしていったほうがよいのです。借入金の必要額や企業の売上規模にもよりますが、複数の銀行から融資を受けるようにしてください。

昔は、「メイン銀行」という考え方が強く、融資を受ける銀行は1つのみ、他の銀行から融資を受けることは、メイン行を裏切ったことになり印象を悪くする。そう考える経営者が多くいました。

しかし、現代はまったく違います。経営者が「メイン行」と思っていても、銀行側は、数多くの融資先の1つとしか見ていないのです。その企業の業績が悪くなったら、融資申込みを受けても断るのです。〝メイン銀行妄想〟に陥らないことが、企業としては必要です。

複数の銀行から融資を受けておくということは将来、もし企業の業績が悪くなった場合、融資を相談する選択肢が多くリスク分散になります。1つの銀行のみと取引していて、そこから融資を断られ、あわてて新しい銀行に申し込んでも、ほとんどの場合うまくいきません。なぜなら、新しい銀行からは、一見客として警戒されるからです。複数の銀行と融資取引をしていれば、1つの銀行から融資を断られたら、すでに融資取引がある別の銀行で申し込むことができ、一見客として扱われるよりもずっと銀行の対応がよくなります。

また、もし企業の業績がよくて、銀行側から融資を受けてほしいと逆に提案してくる企業であれば、複数の銀行と取引をしていることによって、そこに銀行間の競争が発生します。そうなると低い金利での提案が期待できます。それが1つの銀行のみの融資取引となると、その銀行の「独占状態」になるため、金利の競争が発生せず、金利は高止まりになってしまいます。このように、複数の銀行と融資取引をすることによって、融資の金利を引き下げる効果も出てきます。


融資を受けている企業は、銀行から3か月に1回ぐらいのペースで、どこの銀行からいくら融資を受けているか、借入明細を出すように言われるのが普通です。なぜ、銀行はそのようなことをするのかと言うと、他の銀行の動きをたえずチェックするためです。

たとえば、ある銀行の融資が急激に減少した場合、何か理由があるはずです。一時的な借入の返済期限が来て返済したのならよいのですが、返済が来ていないにもかかわらず銀行から強力に返済を求められたのかもしれません。そうであるならば、何か企業に悪いことが起こってそれが銀行に判明したのかもしれず、他の銀行は警戒を強めるでしょう。

借入明細の前回の提出時に比べて、明らかに変化がある箇所が見られるのならば、銀行に警戒されないように、企業のほうからその理由を説明するとよいでしょう。

ポイント 融資を受ける銀行を1つに絞り込まず、徐々に増やしていくほうがよい

60 「借りられるから借りる」という選択をしない

融資を申し込むということは、なんらかの理由で資金不足が発生するから、ということになります。私が資金調達コンサルタントとして、多くの中小企業の経営者からご相談をいただいてきて、資金調達が必要になる理由には、大きく分けて次の3つがあると考えています。

(1) **前向きな資金需要**……たとえば、売上の増加に資金繰りが追いつかず、運転資金として資金需要が発生する。売上の維持・増加のために設備を導入する必要があり、設備資金として資金需要が発生する。

(2) **後向きな資金需要**……たとえば、毎月赤字を出しており、現金預金がその影響でどんどん減っており、それを補填する必要がある。

(3) **(1)(2)の中間の資金需要**……たとえば、利益は赤字の月もあれば黒字の月もあるが、ならせば黒字が出る。しかし、その黒字額と、現金が流出しない費用である減価償却費を足したキャッシュフロー内で既存の融資の返済がまかなえず、現金預金は減少傾向。それを埋め合わせるために資金を調達する必要がある。

(1)の場合は、資金調達を行うことに問題はありません。銀行としても、融資審査は通しやすいでしょう。

(3)の場合は、実は多くの中小企業が、キャッシュフロー内で返済ができない状態です。そうなると現金預金は減少していくため、資金調達を行うことにより借入金の総額を維持して、資金繰りを回していきます。しかし黒字を出していれば問題はありません。前回融資を受けたときから業況が悪化していない限りは、融資審査は通りやすいでしょう。

しかし、(2)の場合は問題です。いわゆる、赤字補塡のための資金調達は、本来なら赤字を黒字にする対策を行わなければならないのに、その対策を後回しにして、融資を受けることにより資金繰りをなんとか保っていることになります。赤字補塡のための融資は、そもそも返済原資はありません。利益が出てそこから返済にあてるのが本来の姿ですが、赤字であれば返済原資はなく、手元に残った現金預金を返済にあてることになります。そのため、現金預金が減るスピードはとても速くなります。

銀行は、赤字補塡のための融資は行いません。すると、経営者としては金利が高くてもどこかから融資を受けようとします。商工ローンなど、金利が15%以上のところから融資を受けてでも、なんとかしようとします。そうなると、赤字のうえ支払利息の負担も大きくなることになり、資金繰りは悪化する一方となります。商工ローンから融資を受けるより、返済金額の変更を銀行に申し出るべきです。

ポイント 同じ資金不足でも、「赤字補塡」のようなケースは大いに問題

融資を行う金融機関と金利帯

	金利帯	金融機関例
銀行、信用金庫、政府系金融	金利低い　1%～5%	みずほ銀行、横浜銀行、城南信用金庫、国民生活金融公庫など
ビジネスローン専門金融機関	8%～15%	ビジネクスト、新生ビジネスファイナンスなど
商工ローン	金利高い　15%～	NISグループ、インターなど

7章

担保・保証人についてどう考えればよいか

――審査の助けにはなるが不可欠な存在ではない

61 銀行が担保を要求する場合とは

担保とは、融資を受けた企業が、融資の返済を行わなくなった場合に備えて、銀行が企業から差出しを受けるものです。たとえば、ある企業が銀行から融資を受ける際、所有している不動産を担保に提供していたら、その企業が返済できなくなっても、銀行はその不動産を処分することで入ってきた代金を、融資の返済にあてることができます。

担保となる代表的なものは、不動産です。ほかにも、預金、株式・社債などの有価証券がよく担保とされます。担保となるものはこれらに限りませんが、万一、融資を受けている企業が返済できなくなったとき、銀行が換金して返済にあてることが目的なので、金額に換算できる価値のあるものや、容易に現金化できるものが担保価値は高く見られます。

担保となるものは、融資を受けたいどの企業も用意できるものではありません。銀行から融資を受けようとする場合、絶対に担保が必要と思われている方は多いかもしれませんが、融資を受けるのに担保は絶対条件ではありません。

しかし担保があれば、融資がなかなか受けられない会社でも、融資が受けられる可能性が高くなり、また融資を受ける場合も、担保が用意できるほうが、受けられる金額は大きくなります。

このように、担保は融資にあたっては絶対必要なものではありませんが、用意できるとそれだけ、融資審査においては有利になります。しかし、担保が用意できるから融資は絶対受けられる、というわけではありません。

銀行は、担保があっても、融資を申し込んできた企業の業況がよくなければ、融資に対して慎重になります。担保があれば銀行にリスクはないではないか、と思われるかもしれませんが、担保を現金化する手続きは、銀行としては面倒なものだからです。

とくに不動産担保については、企業が返済できなくなったら競売によって現金化しますが、手続きについては裁判所に申立てを行ったり、予納金と呼ばれる費用を納めるなど、何かとたいへんです。そのような事務処理によるコストはバカになりません。

さらに、競売にかけたからと言って、必ず落札者が現れて換金されるわけではありません。購入者がいなければ現金にはならないのです。また、担保設定時より時間がたっている場合は、時価の下落があるかもしれません。その場合は、担保設定時は融資金額を上回る時価が見込めていたとしても、競売時は時価が大きく下がり、その結果、融資金額全額を満たすだけの換金ができないかもしれません。

このように、銀行は担保の差出しが受けられる場合でも、業況が悪い企業に対しての融資には慎重です。担保があるから絶対に融資は受けられるとは、考えないようにしてください。

ポイント 銀行が貸倒れのリスクを軽減するための担保だが、融資を受けるための絶対条件ではない

62 不動産担保はどのように使われるか

担保と言えば、多くの方がまっさきに思い浮かべるのが、不動産担保ではないでしょうか。不動産とは土地や建物のことを言いますが、物件ごとにそれぞれ個性があり、銀行はその不動産を担保価値としてどう評価するかを常に研究しています。

不動産担保の方法には、「抵当権」と「根抵当権」とがあります。

抵当権とは、ある特定の融資を担保するものです。たとえば、平成○○年3月31日に3000万円の融資を、抵当権を付けて受けた場合、毎月50万円返済するのであれば1年後には残高2400万円となっていますが、抵当権が担保している金額も2400万円になります。あくまで特定の融資に対しての担保となるため、その残高が返済により減少していくにつれ、抵当権が担保している金額も減少していくのです。

一方、根抵当権とは、極度額を定めてその範囲内で、担保を出した銀行から受けた融資を「すべて」担保するものです。たとえば、ある不動産に5000万円の根抵当権をA銀行に対して設定したとすると、A銀行から受ける融資の5000万円までの範囲で担保となります。A銀行からの融資が0となっても、根抵当権の設定が解除されなければ、再度A銀行から融資を受けた場合にその融資は担保の対象となります。

銀行が担保を設定する場合、根抵当権で対応するケースが多いようです。なぜなら根抵当権では、極度額内であれば何回の融資でも担保の対象とできるため、企業としては1回1回抵当権の登記を行う必要がなく、手間と費用がかからないからです。銀行としても手間がかからず、またその企業が差し出す不動産に対して極度額、たとえば5000万円の「枠取り」ができるので、その企業とは深い取引につながりやすいからです。

他の銀行がその不動産を担保に取ろうと思っても、初めの銀行の根抵当権極度額5000万円の次の順位に設定せざるを得ません。その結果、初めの銀行は企業の囲い込みができて収益を多く得られます。抵当権ではこのようなことはできません。

銀行に対して不動産担保を差し出すと、返済によりその銀行からの融資が0にならない限り、銀行が担保を外してくれることはまずありません。つまり、いったん銀行へ担保を差し出すと、融資が0とならない限りは半永久的に担保を外せないことになります。そのため、担保を差し出す場合は、企業としては慎重になる必要があります。

不動産担保を差し出すと、不動産登記簿に（根）抵当権の内容が記載されます。新しく融資を受けようとすると、銀行は企業の事務所や工場、自宅の不動産登記簿などを取って、内容を調べます。そのなかに、銀行はともかくノンバンクからの担保が設定されていると、心証がよくないので、担保を差し出す場合はその相手についても慎重になりましょう。

ポイント
土地や建物による不動産担保には、抵当権と根抵当権という2つのやり方がある

63 銀行は不動産担保をどうやって評価するか

不動産には、1つとして同じものはありません。不動産が所在する場所、どのような用途（住宅・工場など）に使えるか、あるいは使えないか、交通が便利な場所かどうか、近隣の環境はどうか、土地の形状は整っているか、どのように道に接しているか、建物は築何年か、管理状況はどうか……など、不動産1つひとつには、それぞれ個性があります。

このような違いによって、融資を受けている企業が万一返済できなくなった場合、どれだけの金額で換金できるかに大きく影響します。そこで銀行では、企業から不動産担保の差出しを受ける場合、その不動産の競売を行ったらどれだけの金額で換金できそうかを算出するために、その評価作業を行います。

土地の評価については、山奥の土地、市街化調整区域の土地、農地などは担保としての評価はとても低いものとなります。なぜなら、企業が返済できなくなった場合、換金しにくいからです。担保となる土地の基本は、競売して容易に換金しやすいことです。そのため、容易に換金しやすい土地、また高い金額での現金化が期待しやすい土地ほど、銀行からの評価は高くなります。

多くの銀行では不動産鑑定士が評価していますが、企業が自分の土地が担保としてどれだけの価値があるかを知るには、次の要領でだいたいの評価額を見積もることができます。

路線価、もしくは地価公示における標準地価格（公示地価）、都道府県地価調査における基準地価を参考にして、１㎡当たりの時価をまず算出します。そこに、土地の面積を掛けて時価とします（路線価は国税庁のサイト、標準地価格と基準地価は「土地総合情報ライブラリー」というサイトで簡単に調べられます。１６８頁参照）。標準地価格と基準地価は、地区を代表する土地の時価であるため、評価を出そうとする土地に一番近い場所を参考にして算出します。

また建物については、建物はそれぞれの使い道に応じて特殊性が強いため、銀行は一般的にあまり高い評価を付けることはありません。たとえば大きな工場は、売ることがむずかしいので、高い評価を付けることはできません。

銀行では建物の構造や築年数などによって、建物の時価を算出する表が備えてあり、それを使って評価しますが、企業が自社の所有する建物の担保価値を評価したい場合、ほとんど０と見ておいたほうがよいでしょう。

そうして算出された不動産の評価は、現在これくらいの金額でなら売れそうという、だいたいの時価を考えたものですが、担保価値はその時価に「掛け目」を掛けた金額となります。不動産は将来、時価で売れるとは限らないため、「掛け目」を掛けて評価を低くし、それを担保価格として融資審査を慎重に行うのです。

ポイント
換金のしやすさと換金できる価格を知るため、不動産鑑定士が土地や建物の評価作業を行う

64 銀行は不動産担保をどうやって調べるか

銀行は、企業から不動産担保の差出しを受けるにあたって、まずその不動産担保はどれだけの担保価値があるか、それを調査しなければなりません。

なぜなら、担保価値が算出できなければ、企業が融資返済できなくなった場合、その不動産担保がどれだけの金額で換金できそうかがわからないため、銀行が行う融資審査が進まなくなってしまうからです。担保価値をまず算出することにより、融資を実行するかしないのか、実行する場合はどれだけの金額とするか、が決定されるからです。

銀行は、企業から不動産担保提供の申し出を受けたとき、企業側から次のような書類の提出を受けます。これらの書類が提出されたら、次に銀行は、その不動産が存在する場所に行って現場で実際に調査します。

不動産登記簿、公図、建物図面などの内容が、実際の物件と同じであるかをチェックするのです。この際、不動産登記簿に書いてある内容と、実際の物件の状態が違うことがよくあります。たとえば、未登記の建物が土地の上に立っていたり、面積が明らかに違っているなどです。

また、不動産が存在する場所に行くと、ほかにもいろいろなことがわかるものです。道路

担保価値を算出するために、書面と実地検分で調査を行う

不動産担保提供に関する提出書類

●**不動産登記簿謄本**
表題部と甲区、乙区からできているもの。表題部は不動産の表示に関する事項、たとえば地番、地目、種類、面積などが、表示される。甲区は、所有権についての記載があり、乙区は、その不動産にかかる所有権以外の権利が書かれている。ここに、抵当権、根抵当権について記載される

●**公図**
物件の地形、位置、道路接面状況などがこの書類でわかる

●**建物図面**

●**所在図**
住宅地図が代表的なもの

●**地積測量図**

との接面状況はどうか、周りの環境はどうか、どのような用途に利用されているかなど、目で見ることで確認できます。

このように、書面上と、実際に目で見ることで、銀行は不動産担保を調査します。しかし最近は、そうした仕事を専門に行う部署や関連会社を持つ銀行が増え、その人たちが不動産担保の調査を行い、支店の行員のそうした調査にかかる負担を軽くする取組みを行っているケースが多く見られます。

また不動産のなかには、問題を抱えているものもあります。三角形など不整形である土地、建物を取り壊すと二度とそこに建てられない再建築不可の土地などです。そのような不動産は、著しく低い評価をされることになります。

65 預金や有価証券による担保もある

担保として預金が使われる場合を「預金担保」と言い、なかでも定期預金が担保とされることがほとんどです。定期預金の通帳や証書を銀行に預けることにより、定期預金が担保としての効力を発生することになります。

定期預金を担保とした融資は、言ってみれば自分の預金をそのまま借りているようなものです。銀行としては、定期預金と同額までの融資は貸倒れリスクがありません。貸倒れリスクがなく、利息を取ることができるので、銀行にとって定期預金担保はメリットばかりです。

定期預金担保が使われるケースは、たとえば「1000万円の定期預金を担保として差し出すから、3000万円の融資を受ける」というように、小さい金額の預金担保で大きい金額の融資を受ける場合です。なぜ、「無担保で2000万円の融資」とはならないかと言うと、担保分の1000万円は銀行としてはまったくリスクのない収益源であり儲かるからです。

企業に融資を出す以上、銀行に少しでも利益が出るように、「定期預金を担保にしたらこれだけの融資を行う」という条件を銀行が企業に出すのです。企業としては、その条件を受けなければ融資が受けられないため、ほとんどの企業では条件を呑まざるを得ません。こういうことが、多くの融資の現場で行われています。

預金担保は、他行の預金を担保にする場合もなくはないのですが、ほとんどの場合は自行の預金を担保とします。銀行同士でいろいろ問題が起こりやすいため、他行預金の担保を銀行は敬遠するのです。

次に、有価証券を担保として使うのが「有価証券担保」ですが、その際には、上場企業の株式、社債、国債がよく使われます。こうした有価証券の現物を銀行に預けることによって、担保として機能するのです。

上場企業の株式、国債は流通性があり、容易に換金できるので、銀行は担保として歓迎します。社債も流通性があれば同じです。またその有価証券の市場があれば、相場を調べることにより、銀行としては担保価値を把握しやすくなります。

有価証券には、上場企業株式のように相場の変動が激しいものがあります。このようなものを担保価値としていくらと評価するかは、銀行によって基準は違いますが、だいたい現在の相場価格の50%あたりと見ておくとよいでしょう。国債など、額面での換金が期待しやすいものは、90%あたりと高く評価されます。

以前、銀行でよく担保とされたものにゴルフ会員権がありますが、価格の下落が激しく、最近ではゴルフ会員権を担保とすることはあまり行われていません。

ポイント
銀行にメリットの多い担保だが、融資条件として持ち出されると呑まざるを得ない

66 売掛金など、その他の担保

換金できるものであれば、どんなものでも担保になり得ます。たとえば、売掛金、商品、敷金などもそうです。

なかでも、売掛金を担保とする手法がここ数年確立され、そうした融資が行われるようになってきました。しかし、不動産、預金、有価証券を担保とする場合に比べて、まだまだ一般的ではありません。ここでは、これらの担保についてお話しします。

(1) 売掛金を担保とする

売掛金を担保とした融資を、「売掛債権担保融資」と言います。売掛金を担保とするには、「担保としての譲渡」が必要となり、その方法には、①売掛債権の譲渡に関して、売掛先の**承諾**を得る、②売掛債権を譲渡したことを、売掛先に**通知**する、③売掛債権を譲渡したことを法務局に**登記**し、銀行が必要と判断した時点で売掛先に通知する、の3つがあります。

売掛先との契約で、「債権譲渡禁止特約」という売掛金の譲渡を禁止する特約があるなら売掛金を担保とすることはできませんが、この特約がなければ、そうした融資が受けられないか、銀行に相談してみてはいかがでしょうか。

売掛金を担保として融資を受けるには、信用保証協会の保証制度である「売掛債権担保融資保証制度」の方法で行うのが一般的です。審査は当然ありますが、不動産や有価証券などに担保とするものが何もないとき、売掛金を担保とすることは有効になります。

ただ、この担保のデメリットは、売掛先に担保としたことが伝わってしまうことです。「承諾」「通知」の方法では当然、売掛先に伝わります。しかし、「登記」の方法では、銀行に普通に返済していれば売掛先に伝わることはありません。

(2) 商品を担保とする

商品を担保とする方法は、銀行としてはほとんど行われていないのが現状です。商品、つまり企業にある在庫を担保とするのがこの方法ですが、①その管理が銀行にとってわずらわしい、②融資の返済が滞って換金する場合でも、さまざまな商品を換金するのは、銀行にとってはたいへんで負担がかかる、などにより、この方法はまだ確立されていません。

しかし、銀行は商品を担保とするノウハウを研究しており、近い将来、商品を担保とすることも行われるようになるのではないでしょうか。

(3) 敷金を担保とする

賃貸ビル等に入居する場合、貸し主に敷金を差し入れますが、退去時に敷金を返還してもらう権利を担保とします。しかし敷金を担保としても、家賃の延滞などにより敷金は相殺されてしまうのが通常なので、この方法はほとんど行われていません。

ポイント
売掛金はともかく、商品や敷金を担保に使うことはまだ一般的ではない

67 銀行が保証人を要求する場合とは

融資が行われるに際して、つきものなのが「保証人」です。保証人とは、融資を受けた企業が返済できなくなった場合、残りの債務の返済を企業に代わって支払う人のことです。

銀行が融資を行うほとんどの場合、まず代表者が保証人になるよう要求してきます。企業が返済できなくなっても、代わりに代表者が返済しなくてもよいということであれば、モラルハザードが起こってしまうからです。中小企業の場合、企業と経営者は一体ですので、それを融資返済においても実現しようと、代表者を保証人にします。

ただ上場企業のように、経営者と株主が分離している場合は、銀行は代表者に保証人となるよう要求してこないのが普通です。また、信用保証協会の保証制度、銀行の融資商品の一部には、代表者が保証人にならなくてもよい無保証人のものもあります。

銀行の融資に付く保証人は、単なる保証人ではなく「連帯保証人」となるように、融資契約書で定められます。

連帯保証人が単なる保証人と違うところは、銀行から連帯保証人に支払うよう督促があったら、連帯保証人は銀行に対して、①「まず、借り主に請求するようにしてほしい」

と言うことはできない（「催告の抗弁権」がない）、②「まず、借り主の財産を押さえてほしい」と言うことはできない（「検索の抗弁権」がない）、の2つです。

このように、単なる保証人と違って、連帯保証人の責任は厳しくなります。そのため、銀行は「保証人」ではなく、「連帯保証人」となるよう要求してくるのです。

銀行が融資審査に際して、代表者を保証人とするように要求してくるのは当然として、それ以外に、「関係者」「第三者」を保証人として付けるよう要求してくる場合があります。

関係者とは、企業の役員、従業員、同生計の家族などであり、第三者とは、知人、友人、別生計の家族などです。この場合、企業の役員や家族などは、企業が倒産すると同時に収入手段がなくなるため、保証人としては弱くなります。一方、知人、友人、別生計の家族（親・兄弟などで生計が別の人）などは、企業が倒産しても独自の収入手段を得ているのでその影響はなく、保証人としては強くなります。

このため、銀行は第三者の保証を融資実行の条件としてくることがあります。しかし、もし企業が返済できなくなった場合、保証人となった第三者へ与える影響には大きなものがあります。

その第三者が、よほどその企業を支援したいという場合はともかく、そうでない場合は、第三者へ与える負担が大きくなるので、なるべく第三者の保証を付けずに融資を受けられる方法を探っていくことが必要です。保証人となると、保証した融資が完済となるまでは、銀行は保証を解除してくれることはありません。

ポイント

企業の代表者のほかに、「連帯保証人」として関係者や第三者が要求されることもある

68 銀行は保証人の資力をどうやって調べるか

融資に際して保証人が付く場合、銀行が必ず調べるのは、保証人がどれだけの資産を所有しているかです。銀行が融資先企業ごとにつくっている企業ファイルのなかには、保証人がどれだけの資産を所有しているかを書く書類もあります。

なぜ保証人の資産の調査が銀行にとって必要となるかは、「保証人の保証能力」がどれだけのものかを銀行が把握するためです。資産が多いほど、融資を受けた企業が返済できなくなった場合に返済できる金額が大きくなるため、保証能力は高いということになります。

資産には、不動産、預金、有価証券などがありますが、銀行はそれぞれの資産が保証人にどれだけあるかを調べます。調べると言っても保証人に知られずにということではなく、保証人自身に聴取りを行います。

不動産を所有しているのであれば、その登記簿を調べます。登記簿に抵当権・根抵当権があれば、その担保が付いている分だけ、時価は差し引いて見られます。預金については、保証人の申告だけでは銀行は信用せず、本当に保証人が申告するだけの預金残高があるか、通帳を提示するように要求されるのが通常です。株式などの有価証券についても、所有株式の明細書などがあればその提示を要求されます。

さらに、銀行は負債の金額も調べます。住宅ローンや他のローンがあれば、それはマイナスの資産となり、資産から負債を差し引いて、保証人は純資産としてどれだけ所有しているかを銀行は把握し、それを企業ファイルのなかの保証人調書に記録します。

しかし融資の審査において、「保証人」は2次的なものです。まずは企業の業況ありきで、保証人がいくら資産を持っていても、また資産の額が融資の金額を上回る場合でも、企業の業況を見て、銀行は融資をするかしないかを判断します。

銀行にとっては、保証人が付いても心もとないものなのです。担保の場合は、不動産であれば根抵当権・抵当権の設定、預金や有価証券であれば通帳や証書の預かりなどにより、融資を受けた企業が万一返済できなくなった場合にも、確実に換金を行うことができますが、保証人の場合はそうではありません。保証人が資産を、保証人となった当時より使い込んだり、保証人となっていない家族などに移すかもしれません。また保証人が他の銀行の融資の保証人にもなっていれば、その銀行との競合となってしまいます。

このように、担保に比べて保証人は、企業が返済できなくなった場合に回収する手段としては弱く、その分、融資審査において有利とはならないでしょう。

銀行はあくまで決算書をはじめとした企業の内容を中心に審査して、融資を行うかどうかを決めます。保証人を過信するべきではありません。

ポイント

「保証能力」を知るために銀行は保証人の資産を調べるが、融資審査で保証人は2次的なもの

69 保証の種類にもいろいろある

融資を保証すると言っても、いろいろな方法があります。以前の保証の種類には、「包括根保証」、「(限定) 根保証」、「特定債務保証」の3つがありました。ただ、包括根保証は、ある企業が特定の銀行に対して、現在および将来に行われるすべての融資について保証することですが、こうした無制限の保証は保証人にとっては酷であるため、平成17年4月より禁止されました。現在、実行可能な保証の種類は次の2つです。

(1) (限定) 根保証

根保証には包括根保証と限定根保証とがありましたが、包括根保証が禁止されることになったため限定根保証と呼ぶ必要はなく、「根保証」と呼びます。

根保証には、次のような決まりがあります。

①極度額の定め……極度額の定めのない根保証契約は、無効となります。

②保証期間の制限……根保証をした保証人が、いつまでに実行された融資を保証するかを決めることにしています。その期日は、保証の契約書で定める場合には契約日から5年以内、契約書で定めていない場合には契約日から3年後の日となります。

③保証債務を負担しなくなる要件……借入人や保証人が強制執行を受けた場合、破産手続

開始の決定を受けた場合、死亡した場合には、根保証をした保証人は、その後に行われた融資については保証債務を負担しないこととしています。

(2) 特定債務保証

1本1本の融資に対して行われる保証のことを、「特定債務保証」と言います。

たとえば、「平成○○年10月31日に行われた、3000万円の証書貸付による融資に保証人として入る」というように、特定の融資に対しての保証なので、特定債務保証と言います。

証書貸付の場合によく行われる保証方法で、証書貸付の方法で融資が行われる場合は、銀行と金銭消費貸借契約書を交わしますが、そこに保証人も署名捺印を行うことにより、保証人となります。

根保証は、1回保証人として入ってしまえば、1回1回の融資のたびに署名・捺印を行う必要がなくなり便利ですが、保証人としては、自分はいくらまでの金額なら保証に耐えられるかを考えて、保証の条件を銀行と交渉することが必要です。

また保証人には、個人ではなく法人もなることができますが、親会社・子会社の関係でない限り、他社の保証を行うことはたいへん危険です。下手をすれば連鎖倒産ということにもなりかねません。知合いの会社から、保証を頼まれても断りましょう。

ポイント 保証範囲を総枠で決める「根保証」と、1本1本の融資に対応する「特定債務保証」がある

70 担保と保証人は絶対的なものではない

いったん担保を銀行に差し出したり、保証人になってしまうと、途中で「担保を外してほしい」とか「保証人から抜けたい」という要望を銀行に伝えても、その銀行からの融資のすべてが返済されない限りは、まず要望を聞き入れてくれません。担保を外す、保証人から抜けることは、銀行としてはデメリットはあっても、メリットはありません。

ただ、たとえば不動産担保であれば、その物件を購入したい人が現れた場合、担保を外すことはまったくできないかと言うと、そうではありません。銀行がその担保を評価している金額以上の現金が、その物件を売却することによって手に入り、それを銀行への返済にあてることができるのであれば、そのことを条件として、銀行が担保を外すことを了承してくれる場合もあります。保証についても、たとえば「保証している融資金額の半分を支払うから、保証を外してほしい」、というように銀行に交渉を持ちかけることもできます。

しかし、担保を外したり保証人から抜けることは、通常は困難であることは確かです。そのため、担保を入れたり保証に入ったりについては、慎重な判断が必要となります。

なお経営者は、融資を受ける際に保証人となるのは当たり前の話です。融資は受けたい、しかし保証人にはなりたくない、そんな虫のよい考え方をする経営者の企業に、どこの銀行が融資を行うでしょうか。中小企業と経営者は一体です。融資を受ける以上は、必ず返済するという強い意思を、保証という行為によって銀行に示すことが必要です。

また、私がコンサルタントとしてよく見るパターンとして、担保・保証人に頼りきった会社があります。それは、担保として不動産を提供してくれる人、または保証人となってくれる第三者が存在するばかりに、銀行からの融資を多く受けられたものの、その融資の理由が赤字の補填のため、利益で返済を進めることができず、銀行からの借入金がふくらんでしまった会社です。

このような企業の経営者は、赤字を解消することよりも、銀行から融資を受けることばかりに頭が向きがちです。その結果、企業としては財務内容が悪化する一方となります。銀行からの資金調達がうまくできる会社は、このような事態に陥りがちです。担保・保証人が用意できるからと、それで安心しないでください。担保・保証人なしで融資が受けられる、そういう信用の持てる会社になることを目指すべきです。

担保・保証人は、あくまで銀行から融資を受けるための付随的なものです。それに頼ろうとする考え方では、会社をどういう方向性に持っていくかがずれてしまいがちです。「担保がないから融資が受けられない」と考えるのではなく、「銀行から融資を受けるだけの力がないから融資が受けられない」、そう考えて企業をよくしていくことに注力するべきです。

ポイント 担保や保証人に頼らずに融資が受けられるよう、企業を改善する努力を続けることが大事

公的に公表されている土地の価格

	概　要	実勢価格との比較	調べ方
路線価	主要道路に面した、1㎡当たりの土地の評価額。財務省（国税庁）が管轄する相続税や贈与税の算定基礎となる1月1日の価格	実勢価格の7～8割程度が目安	路線価図 http://www.rosenka.nta.go.jp/
公示地価	国土交通省が毎年判定する1月1日の土地価格	実勢価格の9～10割が目安	土地総合情報ライブラリー http://tochi.mlit.go.jp/
基準地価	都道府県により決定される7月1日の土地価格	実勢価格の9～10割が目安	土地総合情報ライブラリー http://tochi.mlit.go.jp/
固定資産税評価	市町村が決定する固定資産税、登録免許税の評価基準。3年ごとの1月1日の評価額。市町村の税務課（または都税事務所）にある固定資産課税台帳に登録してある土地や建物の評価額のこと	実勢価格の6～7割程度が目安	固定資産税の課税明細書に記載

8章

融資を受けるための基礎知識

――これを知っておけば銀行との交渉に役立つ

71 金利についての基礎知識

金利とは、企業が銀行から融資を受けるにあたって、必ず銀行に支払わなければならないものです。融資を受けることによる「お金の利用料」が金利です。

また金利以外にも、企業が銀行に支払うものとして、次のようなものがあります。

(1) **割引料**……商業手形割引を行ったとき、銀行に支払うお金です。商業手形割引と言っても、融資となんら代わりありません。商業行為により企業が受け取った手形を、銀行に買い取ってもらい、早期に現金化することを手形割引と言いますが、商業手形の手形割引ということで、商業手形割引と言います。商業行為に基づかなくても企業が手形を入手することはありますが、銀行は原則、商業行為に基づいた手形しか割引を行いません。

(2) **保証料**……融資に保証会社が付く場合、その保証に対する対価として保証会社に支払うお金です。中小企業向けの融資で代表的な保証会社は信用保証協会です。他に、ビジネスローンでノンバンクの保証が付いている場合があり、そこへ支払う保証料もあります。

(3) **事務手数料**……ビジネスローンなどに設定されている場合が多く、融資実行に伴って取り扱われる事務にかかる手数料です。プロパー融資、保証付融資には事務手数料はかかりませんが、ビジネスローンには、銀行が収益を増やすために設定しているのでしょう。

これらのものも含めると、表面的に「金利」と言われるものより、実質的な金利は高くなることがあります。融資に対する金利は、実質的にどれくらいになるのか計算してみることが、融資に対するコスト意識を高めるためには必要です。

銀行融資にかかる金利は、融資実行日当日から、最後の期日までの日数に対してかかります。これを「両端入れ」と言います。一方、最後の期日の1日分を金利計算に含めない場合を、「片端入れ」と言います。

また、金利の支払い方には、「前取り」と「後取り」があります。前取りとは、融資実行日に金利を支払う方法を言います。毎月返済の場合なら、返済日に次の1か月分の金利を支払うことになります。後取りとは、たとえば毎月返済の場合なら、返済日に前1か月分の金利を支払う方法を言います。

このように、金利と言っても、企業が知っておかなければならない知識はいろいろあります。「両端入れ」と「前取り」は金利計算される日数が多く、また先に金利を支払うことになり、銀行にとって有利に、企業にとっては不利になりますが、銀行融資では、このように取り決められることがほとんどです。

交渉によって企業に有利になることは期待できなくても、「片端入れ」「後取り」という言葉を出してみるだけでも、金利に対する知識があるのを示すことになり、銀行員と対等に融資の話ができるようになるでしょう。

ポイント 表面的な金利ではなく実質金利を知るなど、融資に対するコスト意識を持つようにする

72 経営者が知っておくべき金利体系の基本

企業が融資を受ける際、以下のような金利体系の知識を持っておくとよいでしょう。最優遇金利と言って、銀行が最も優遇する企業に対して適用する金利を「プライムレート」と言いますが、実際には、企業によってプライムレートを下回る金利を適用したり、優良企業でもプライムレートを大幅に上回る金利が摘用されたりすることがあるからです。

(1) **短期プライムレート**……返済期間1年以内の融資に適用される基準金利です。短期プライムレートは、銀行ごとに決まっています。たとえば、ある銀行の短期プライムレートが2・125%であるとすると、融資案件によってその金利への上乗せ幅を決め、それが融資にかかってくる金利となります。

たとえば、ある融資で金利が「短期プライムレート＋0・5%」と設定され、短期プライムレートが2・125%なら、適用される金利は2・625%となりますが、銀行の短期プライムレートが上がると、それに伴い適用金利も上がることになります。いわゆる「変動金利」ですが、このように短期プライムレートは、変動金利においてその基準となる重要な役目を果たします。

(2) **長期プライムレート**……返済期間が1年を超える融資に適用される、基準の金利です。

みずほコーポレート銀行が発行する「みずほコーポレート銀行債券（5年物利付金融債）」の表面利率に、0・9％上乗せした金利に設定されるのが一般的です。

しかし実態を言いますと、ほとんどの銀行で長期プライムレートは、基準の金利として使われていません。いまでは1年を超える融資にも、短期プライムレートを基準に金利を決めることが多くなっています。それは次の新長期プライムレートと言います。

(3) **新長期プライムレート**……たとえば、返済期間3年以内の融資は、短期プライムレートに0・2％上乗せ、返済期間3年超～6年以内は0・4％上乗せ……というように、短期プライムレートと返済期間によって、各銀行が決めた基準金利です。

返済期間1年を超える融資は、1年以内の融資に比べて返済期間が長く、その分貸倒れの危険が大きいため、短期プライムレートに金利を上乗せしたものが基準となるのです。現在は、返済期間1年を超える変動金利の融資では、この新長期プライムレートが基準となることが主流です。

いままで述べたのは変動金利ですが、「固定金利」もあります。固定金利は、返済期間中はずっと金利が固定するものです。地方公共団体の制度融資で、固定金利があらかじめ決められている場合があります。政府系金融機関も、固定金利を適用しているところが多いようです。一方、銀行の融資は基本的に変動金利です。

ポイント 銀行は融資先企業によって貸出金利を変えてくるため、その基本を押さえておくべき

73 金利はどうやって決まるのか

金利はどうやって決定されるかと言うと、①自動的に決まる、②銀行との交渉により決まる、という2つのパターンがあります。

自動的に決まる場合とは、地方公共団体の制度融資、国民生活金融公庫・中小企業金融公庫の融資など、金利があらかじめ決められている場合と、ビジネスローンのように、コンピュータが決算書を分析して、金利が自動的に決められる場合とがあります。

これらの場合は、企業としては、銀行と金利を交渉する余地はありません。銀行から提示された金利で、融資を受けるか受けないかを企業は判断します。

銀行との交渉によって決まる場合とは、信用保証協会の一般保証の場合の融資、銀行のプロパー融資などがあります。これらは、銀行との交渉により金利を決めていきます。

銀行としては当然、高い金利のほうが得られる収益は大きくなります。企業と交渉する融資係、営業マンなどは、金利交渉に豊富な経験を持っています。

私が銀行員時代、企業との金利交渉においてよく使っていた手が、企業に「今回の融資の金利は3・5%となります」というように、あらかじめ断定口調で言う方法でした。

企業としては、銀行員にこう言われると、金利は3・5%で決まっているのだと思ってしまいます。しかし実際は交渉の余地があるわけで、そのことを知らないばかりに、企業が余分なコストを支払うことになってしまいます。

今度受けようとする融資は、自動的に決まるものか、それとも銀行と交渉できるものか、それを把握しておくことは、低い金利で融資を受けるためには大事なことです。

また、金利は次の要素により変わってきます。

・貸倒れ率が高い（倒産の可能性が高い）企業ほど、金利は高い。
・返済期間が長いほど、金利は高い。
・融資金額が小さいほど、金利は高い。
・担保がないほど、金利は高い。

これらを見ると、金利がどのような要素で変わってくるのか、考えるのがむずかしいかもしれません。要は、きちんと返済される可能性が低いほど、金利は高くなるということです。

倒産の可能性が高いほど、返済期間が長いほど、担保がないほど、返済されない可能性は高くなります。ただ融資金額においては考え方は異なります。金額が大きくても小さくても、審査にかかる銀行のコストはあまり変わりません。そのコストを考えると、融資金額が小さいと相対的なコストは高くなるため、その分銀行は金利を高くしてきます。

ポイント 融資を受ける際の金利は、いくつかの要素で変わるし、銀行と交渉の余地がある場合もある

74 途中で金利が上がる場合、下がる場合とは

銀行から融資を受けていると、金利の変更について銀行から話のあることがあります。よくあるパターンは、変動金利の融資の際、金利が変動する基準となる、短期プライムレート、新長期プライムレートなどの基準金利が変動した場合です。

その場合は、融資を受けるにあたって、変動金利であることの説明を受け、融資の契約書にもそのような記述がありますので、銀行に文句を言ってもしかたがありません。

もう1つよくあるパターンは、銀行が金利を上げたくて交渉してくる場合です。これは、融資の契約書に決められた金利条件を変えるということなので、企業の同意を得ようとしてくるのです。銀行員はあの手この手を使って、金利を引き上げようとします。

銀行が金利を引き上げようとするときに多いのが、企業の信用力が低下した場合です。返済期間が長期にわたる融資は、その途中で、企業の業績がよくなる場合も悪くなる場合もあります。企業の業績が悪くなる場合、そのリスクに見合った金利にするには、既存の融資の金利を引き上げるしかありません。

銀行は、企業から決算書の提出を受けると、それをもとに「格付作業」を行います。銀行内では、格付によって金利のガイドラインを決めていますが、格付が悪いと、企業の信用力

が悪化するということで、ガイドラインとなる金利は高くなります。もし、決算書による格付が悪化してガイドラインとなる金利が高くなれば、銀行は現在の金利との格差を埋めるために、企業に対して金利引上げの交渉に入ります。

また、企業が融資の返済の途中で、返済金額を減額してもらう（これを「リスケジュール」と言います）と、その融資は「貸出条件緩和債権」とされ、企業も要管理先、破綻懸念先になりますので、信用力の悪化ということで銀行は金利の引上げに入ります。

このように、銀行は金利の引上げを交渉してくることがありますが、それは、銀行から見た自社の信用力が悪化していると見てよいでしょう。

銀行から金利を引き上げるように交渉されても、企業が同意しなければ引き上げることができませんから、企業としては簡単に受け入れるのではなく、なんとか現状維持できないか、交渉してみてはいかがでしょうか。「金利を引き上げると、支払利息の負担が大きくなり、経営が悪化するので現状を維持してほしい」という言い方ができます。

また、逆に企業の業績が向上すると、銀行が金利の引下げを提案してくるかと言うと、そうではありません。銀行は金利を引き下げると収益が少なくなるので、銀行に不利になるそうした提案はしてこないのです。この場合は、他行と競争させるなどして、企業側から金利引下げを仕掛けていくことが必要です。

ポイント 銀行が貸出金利の変更を打診してくることがあるが、自社に不利のないように交渉してみる

75 銀行は融資の採算をどう見るか

金利のみが銀行の収益と思われがちですが、銀行は企業との融資取引において、収益源を次のように考えています。

まず、その企業に融資を行うことにより、銀行にとって融資以外にどのような収益が得られるかを考えます。銀行は融資を行う場合、その銀行の預金口座に、融資で出た資金を入金します。その預金口座は、融資の返済とともに、そこからの振込、手形取立、口座振替、ネットバンキングなど、企業は取引を集中させることが多くなりがちです。

このように、融資を受けた企業からは、いろいろな取引が発生します。預金口座の動きが活発になります。そうなると、振込による振込手数料、手形取立による取立手数料、口座振替による収納側からもらう手数料、ネットバンキングによる利用料など、多くの手数料が銀行に入ることになります。

銀行は企業に融資する場合、このようなことも見越しています。逆に言うと、融資を受けたい銀行でいろいろな取引を行い、預金口座を活発にしておけば、銀行は稟議書に、「○○社は、当行の口座をメインとして使い、振込・手形取立・口座振替・ネットバンキングなど多くの取引があり、当行としても○○社へ融資を行うことにより、いっそう取引を深めていきたい」などと書いてくれることが期待できます。

銀行は、企業ごとにどれだけの手数料を稼ぐことができたか、内部資料をつくっています。種々の手数料を落とすだけでも、その企業は銀行にとってよいお客なのです。そうなると、融資審査にあたって有利にしてくれることもあります。

次に、銀行が考える企業との融資取引における収益源は、「実効金利」という考え方です。実効金利とは、**（支払利息－預金利息）÷（融資金額－預金金額）**で求めます。

たとえば、借入金1億円（年利5％）に対して、2000万円の預金（年利1％）という状況では、実効金利＝（5％×1億円－1％×2000万円）÷（1億円－2000万円）＝6％となり、銀行側としては、表面金利の5％よりも実質、高い金利を享受できるということになります。

そのような考えのもと、銀行は預金の平均残高と言って、1か月など一定期間、預金の平均残高はどうだったかを内部資料で打ち出しています。1日だけ預金金額が多く、他の日は預金金額がほとんどなければ、預金の平均残高は少なくなります。銀行は、多くの預金を長い期間おいてくれる企業ほど歓迎するのです。

融資で出た資金を入金した預金口座、取引が活発な預金口座は、預金の平均残高が大きくなる傾向にあります。この面でも、銀行は収益源として考えるのです。

ポイント　金利収入だけでなく、平均残高の大きい預金口座の存在なども評価される

76 融資の返済方法にはどんな種類があるか

受けた融資に対して銀行に支払うのは、元金と利息となります。元金とは、融資を受けたお金自体のことを言い、元金を返済するにつれて融資残高は減っていきます。利息は、融資の対価であり利用料です。銀行は利息により収益が得られます。

これらを返済する方法には、次のような種類があります。

⑴ **一括返済**……元金を、返済期日に一括して返済する方法です。たとえば、平成18年10月31日に融資1000万円が実行され、平成19年4月30日が返済期日だとすると、元金1000万円は平成19年4月30日に一括して返済します。

一括返済の場合、利息は、融資実行日に返済期日までの分を支払う方法と、定期的（毎月、3か月ごとなど）に支払う方法とがあります。一括返済の返済方法が取られるのは、売上入金日があらかじめ将来のある日に確定している場合に、それまでに支払う必要がある仕入代金、外注費、諸経費などの資金を確保するために行われる「つなぎ資金」の融資のケースが多いようです。入金日があらかじめ確定しているものの、その入金日まではまったく入金がない場合、入金日を一括返済の返済期日として、融資が行われます。

⑵ **分割返済**……元金を一定期間ごとに分割して返済する方法で、返済するごとに元金は

徐々に減っていきます。分割返済には、①元金均等返済、②元利均等返済の2つがあります。

元金均等返済とは、一定期間ごとに支払う「元金」が毎回同じ金額となる返済方法です。一方、元利均等返済とは、一定期間ごとに支払う「元金＋利息」が毎回同じ金額となる返済方法です。一定期間は毎月、3か月ごと、6か月ごとなど、自由に設定できるのですが、銀行融資では毎月とするのが通常です。

元金均等返済は、一定期間ごとに同じ金額の元金が減っていきます。そのため、返済ごとに元金が減るスピードは同じとなります。元金が減ると融資残高が減り、その分、支払わなければならない利息も減っていくことになります。元金の返済額は毎回同じですが、利息の支払いが回を追うごとに減っていくため、「元金＋利息」の総支払額は、返済が進むにつれて減っていきます。

対して元利均等返済は、「元金＋利息」が毎回同じ金額となるように設定するので、融資残高が多い返済開始当初は、支払額のうち利息が占めるウエイトが大きくなり、その結果、元金返済にあてられる部分が減ってしまいます。そのため、返済開始当初は、融資残高の減少がなかなか進みません。返済が進むにつれ、融資残高の減少が進むようになってきます。

企業が銀行から融資を受ける場合、分割返済では元金均等返済の方法が取られるのが通常です。元利均等返済は、住宅ローンでよく使われる返済方法です。

ポイント
返済方法はいくつかあるが、銀行からの融資では元金均等返済が多い

77 融資の返済期間はどうやって設定されるか

融資はその返済期間により、「短期融資」と「長期融資」とに分けられます。短期融資とは、返済期間が1年以内の融資、長期融資とは、返済期間が1年を超える融資です。

手形貸付の方法で融資が行われる場合、返済期間が1年を超えることはまずありません。そのため、手形貸付は短期融資の方法に分類されます。当座貸越は、いくらまでなら自由に借りられるという極度額の有効期限がありますが、それが何年に設定されても、借入・返済自体は短期間で行われることが普通なので、短期融資の方法に分類されます。同じように、商業手形割引も短期融資の方法に分類されます。

一方、証書貸付の方法で融資が行われる場合、返済期間は1年を超えることが普通（1年以内に設定されることもあります）です。そのため、証書貸付は長期融資の方法に分類されますが、1年以内の返済期間だったら短期融資ということになります。

信用保証協会の保証付融資、政府系金融機関の融資は、返済期間は最長何年と指定されていて、その範囲で、金融機関の審査により返済期間を決めることになります。

銀行のビジネスローンは、ローンの商品概要では、返済期間は何年までと指定されている（3～5年に指定されることが多い）のですが、コンピュータによる審査ですので、その審査によって最長返済期間が決まります。ビジネスローンの商品概要では、返済期間は5年まで設定できると書かれていても、コンピュータ審査で最長返済期間が2年と判定された場合は、それに従わなければ融資は受けられません。

銀行のプロパー融資は、融資案件それぞれでオーダーメイドですので、企業の希望と銀行の審査により返済期間が決められます。

企業としては、返済期間はできるだけ長くしたほうが、返済はゆっくり進み、資金繰りはラクになります。そのため融資を希望する企業は、返済期間をできるだけ長めに設定してもらうよう銀行に希望しますが、銀行としては、返済期間が長くなるとそれだけ貸倒れリスクが出てくるので、逆に返済期間をできるだけ短くしようとして、そのせめぎ合いとなることが多くあります。

また設備資金の場合、設備は長い期間使うもので、減価償却は長い期間で進むこともあり、それに合わせた資金繰りとするため、長い期間で設定されるのが原則です。一方、運転資金は短い期間で設定されることもあれば、長い期間で設定されることもあります。

このように、融資を受けた資金をどのようなことに使うかによっても、返済期間は異なってきます。企業としては、資金繰り表と返済計画表をつくり、返済期間がどうであると最適なのかをいつも考えておくことが、資金繰りを考えた経営につながっていきます。

ポイント
返済期間をできるだけ長くしたい企業と、短くしたい銀行との間でせめぎ合いがある

78 返済方法、返済期間に対する銀行の考え方は

融資に対する返済方法、返済期間の設定のしかたにより、銀行が負担するリスクは大きく変わってきます。

まず返済方法ですが、分割返済より一括返済のほうが、銀行にとってリスクは高く、融資を受ける企業としては資金繰りはラクになります。なぜかと言うと、銀行は定期的に一定額の返済を受けていたほうが、融資残高が早く減るからであり、企業としては、定期的に一定額の返済で手元の資金が減ると、資金繰りがそれだけ厳しくなります。

次に返済期間ですが、短期間での返済より長期間での返済のほうが、銀行としてはリスクが高く、企業としては資金繰りはラクになります。銀行は長期間で返済してもらうより、短期間で返済してもらうほうが早く融資の回収ができるからで、企業としては、手元の資金が早くなくなり、資金繰りがそれだけ厳しくなります。

こうしたことから、銀行は融資を実行するにあたって、貸倒れの可能性が高いと見ると、分割返済で、短期間での返済の融資を勧めてきます。

銀行から貸倒れの可能性が高いと見られるのは業績が芳しくない企業か、その銀行と融資取引をしたことがない企業です。とくに前者には、まずは信用保証協会の保証を付けた融資

を行う、というのが銀行融資の鉄則となっています。信用保証協会の保証付融資であれば、長期間での融資もできるので、企業にとってはメリットがありますが、信用保証協会の保証枠というものが企業ごとに存在し、保証枠を使ってしまうことになります。保証付融資とともに、プロパー融資でも融資が受けられるようになっておきたいところです。

保証付融資を受けていても、プロパー融資をまだ受けたことがない企業がプロパー融資を受ける場合、銀行は、まず短期間返済、分割返済の融資を提案してきます。よくあるのが、賞与資金や、税金支払いのための決算資金です。これらは6か月に1回、支払時期がくるのが普通ですので、6か月分割返済となることが普通です。他に通常の運転資金でも、初めは6か月分割返済、もしくは1年分割返済で、と銀行が言ってくることが多いです。

企業にとっては、「返済期間が短すぎる」と文句の1つも言いたいところですが、それでも、その融資を着実に返済することにより、銀行に対して実績が付きます。実績が付いてくれば長期間、大きな金額の融資が受けられるようになってきます。短期間での融資を提案されても、実績づくりのために受けておいたほうがよいのです。

また、つなぎ資金のための融資の場合で、売上の回収金額・回収日が取引先との契約書などで確定しており、売上代金入金による融資返済が確実だと見ると、貸倒れの可能性が低いと判断して一括返済で融資を出すことがあります。

ポイント 融資取引が浅い場合、銀行は分割で短期間返済というリスクの少ない形で提案することが多い

79 銀行と交わす融資契約書はどんな内容か

お金は、渡したらそれで終わりです。銀行が融資をした後、企業から「お金なんて借りてないよ」と言われてしまっても、銀行がお金を融資した証拠がなければ、どうしようもありません。融資したという証拠を残すため、銀行が融資を行うにあたって、融資の契約書が銀行と企業との間で交わされます。

銀行が、企業に最初の融資を行うときに交わすのが「銀行取引約定書」です。銀行取引約定書は、今後、企業が融資を受けるにあたってのいろいろな決まり事が書いてあります。

証書貸付、手形貸付、当座貸越、商業手形割引のうち、証書貸付の方法で融資を受けたり当座貸越で融資の極度額が設定されるとき、個別の融資ごとにその内容が記載された契約書を交わしますが、手形貸付や商業手形割引では個別の契約書を交わすことはなく、銀行取引約定書に書かれた内容がすべてとなります。言ってみれば、これからの銀行との融資取引のおおもとが、銀行取引約定書です。

では、個別の融資において交わされる契約書を見ていきましょう。まず、「証書貸付」の方法で融資を受ける際に交わすのが「金銭消費貸借契約書」です。そこには、個別の融資の実行日、金額、返済方法、返済期日、金利など、融資の内容が記載されます。

次に、「当座貸越」で融資の極度額を設定する際に交わすのが、「当座貸越契約書」です。そこには、当座貸越の極度額設定日、極度額、極度の有効期限、返済方法、金利など、当座貸越契約の内容が記載されます。

手形貸付、商業手形割引は、個別に契約書は交わしません。「手形貸付」の場合は、企業が銀行に差し出す借入用手形に融資金額、支払期日などが記載されます。「商業手形割引」の場合は、手形割引申込書に、割引希望日、割引のために銀行に差し出す手持ちの手形内容などが書かれます。しかしどちらの場合も、銀行取引約定書を根拠とします。

その他、銀行への担保提供の場合、保証人が根保証を行う場合など、それぞれの契約書があります。

こうした契約書を交わすことにより、企業は銀行から融資を受けることができます。契約書に記載された内容を細かく読む方はあまりいらっしゃらないでしょうが、内容には目を通しておいたほうがよいでしょう。融資を返済していくにあたって、返済が厳しくなってくるなど、いろいろな問題が起こることもありますが、そうした場合に銀行はどのようなことをやってくるのか、見当を付けておくだけでも、契約書を読む意義はあります。

契約書を交わす場合、双方が1通ずつ持つ場合と、銀行に差し出すだけの場合とがあります。銀行に差し出すだけの場合は、契約書のコピーをもらっておくようにしましょう。

ポイント
取引内容を明確にしておくための契約書には、きちんと目を通しておかなければならない

80 融資取引に関して必要な書類はどんなものか

融資が実行されるに際して、銀行へ提出する書類には、融資を受ける企業の「印鑑証明書」や「商業登記簿謄本」などがあります。いずれも、融資実行日の3か月以内に発行されたものを、銀行は要求してきます。

また、保証人を付ける場合は、保証人の「印鑑証明書」が必要となります。中小企業への融資の場合、ほとんどは代表者の保証が必要ですから、代表者の印鑑証明書が必要なケースは多いでしょう。

融資が実行されるに際して必要な書類はこれくらいですが、融資が実行される前の、融資審査の段階で必要な書類を用意するのが、どこの企業でも苦労するところです。融資審査において、最も重要な書類は決算書です。決算書は、確定申告書で税務署の収受印が付いたもの、それと勘定科目明細、これらが一緒でなければなりません。

なぜなら、税務署の収受印が付いた確定申告書が一緒でなければ、粉飾の決算書の可能性が高いからです。また銀行は、決算書の内容を見ていると、「貸付金が多いぞ、どこに貸しているのかな?」「売掛金が業種のわりには多いけど、内訳はどうなのだろう」というように、いろいろな疑問が湧いてくるのです。そのため、決算書で計上されている科目それぞれの内訳が書かれた勘定科目明細が必要となるのです。

次に、決算期からしばらくたっている場合は、試算表が要求されます。たとえば11月に融資を申し込んだとき、その企業の決算期が3月だったら、3月までの業績は決算書でわかっても、4月から11月までの業績はわかりません。その8か月の間に、業績が悪化していてもわからないため、銀行は試算表を要求してきます。

時々、試算表をつくっていなかったり、つくっていてもとても遅れている企業がありますが、そのようなことだけでも、融資審査においては不利となります。常に業況を把握することを怠っている企業とみなされるからです。試算表は毎月計上できるようにすることをお勧めします。

また、融資で受けた資金の使い道が証明できる資料を要求されることもあります。設備資金であれば設備の見積書、つなぎ資金であれば売上入金日と金額が証明できる取引先との契約書などです。ほかにも、資金繰り表、事業計画書、建設業であれば受注工事明細などが要求されることもあります。

このように、融資審査においてはいろいろな必要書類が銀行から要求されますが、それらは、通常の経営管理においてもつくっておくべき資料ですので、銀行に要求されてからあわててつくることは避けたいものです。

ポイント 必要な書類は特別なものではないので、日常の経営管理のためにもきちんとつくっておきたい

金利が高くなる要素、低くなる要素

	金利高くなる		金利低くなる
返済期間	長　い	⇔	短　い
融資金額	小さい	⇔	大きい
担　　保	な　し	⇔	あ　り
企業の業績	悪　い	⇔	よ　い

9章

融資を受ける際の資金の使い道とは

——融資目的の違いによる特徴を知り〝攻め方〟を考える

81 事業の継続に必要な「運転資金」

融資の使い道は、大きく「運転資金」と「設備資金」とに分かれます。そのなかでも細かく分けることができるのですが、ここでは運転資金全般について述べます。

運転資金とは簡単に言うと、事業を行っていくために必要な資金のことを言います。

卸売業、小売業は、商品を仕入れて在庫として持ち、それが売れるまでは現金の回収ができません。その間、仕入資金などの資金が必要となります。また製造業は、原材料を仕入れて製品として加工し、それが売れるまでは現金の回収ができません。やはりその間、原材料の仕入、外注の活用、労働力の活用など、資金が必要となります。他の業種での説明は省きますが、このように、事業を行うために必要な資金を、運転資金と言います。

運転資金の所要額は、次のように求められます。

所要運転資金＝売掛金＋受取手形＋棚卸資産－買掛金－支払手形

卸売業、小売業で言えば、商品を仕入れて在庫となることにより、「棚卸資産」となります。在庫が売れると、代金回収までは「売掛金」、もしくは「受取手形」となります。つまり、商品を仕入れてからそれが売れるまでに現金化されない、いわゆる「寝てしまう」資金は、「売掛金＋受取手形＋棚卸資産」となります。一方、商品を仕入れても、仕入れたその日に代金を払わなくてよい取決めがされていたら、その分、現金が出ていくことはなく、資金繰りは助かることになります。それが「買掛金」、もしくは「支払手形」となります。

つまりこの式は、企業が事業を行うにあたって、商品が売れるまで現金化されない分（売掛金＋受取手形＋棚卸資産）から、商品を仕入れても現金が出ていっていない分（買掛金＋支払手形）を表します。その差引きが、その時点での企業にとって必要な運転資金、つまり所要運転資金となります。

しかし所要運転資金で表される金額が、そのまま企業にとって融資を受ける必要がある資金になるわけではありません。企業が現金預金を豊富に所有していれば、それで所要運転資金をまかなうことができます。また運転資金として融資を受けたものでも、それが預金として残っているうちに設備の購入で使われたり、出資金などに使われたり、結果的には赤字補塡のために使われてしまうこともあります。

このように、前の計算式で計算された所要運転資金と、運転資金として融資を受けた融資金額は、企業のいろいろな活動のなかで差が生じてきてしまいます。融資を受けるにあたって資金の使い道とされる運転資金というものは、厳密に前の式のように所要運転資金として計算したものではなく、企業が事業活動を行っていくなかで資金の需要が発生する、その資金と考えてください。

ポイント 計算上の「所要運転資金」というより、事業活動を行っていくなかで生じる資金需要

82　売上増に伴って必要となる「増加運転資金」

運転資金と言ってもいろいろありますが、「増加運転資金」とは、業容の拡大により売上が増加していく場合に必要となってくる運転資金のことを言います。

前項での計算式（所要運転資金＝売掛金＋受取手形＋棚卸資産－買掛金－支払手形）をもう一度見てください。売上が増加すると、「売掛金＋受取手形＋棚卸資産」と「買掛金＋支払手形」の差額は大きくなっていきます。なぜなら、売上は売上原価より大きい（逆に売上原価よりも売上が小さい企業であれば、すぐに行き詰ってしまう）ので、売上の伸びによる「売掛金＋受取手形＋棚卸資産」の伸びは、売上原価に関連して伸びる「買掛金＋支払手形」よりも大きくなるからです。

そうなると、所要運転資金は増加します。この増加分が、増加運転資金ということになります。つまり売上が伸びると、多くの会社ではこの増加運転資金の需要が発生するのです。売上が伸びると資金の需要が発生するという感覚をつかむのは、財務初心者にはむずかしいものがありますが、このことを覚えておかなければ、資金繰りを誤ってしまいます。

私が財務コンサルタントとしていろいろな企業から相談を受けるなかで、売上が年々伸びている会社が、「資金調達ができない」と言ってこられるケースがあります。売上が伸びていくにつれ、必要となる運転資金が増加し、それに伴い借入金を増やしていく必要があるのですが、そのためには、銀行から多くの融資を受けられるようにしていかなければなりません。

銀行から多くの融資を受けられるようにするために必要なことは、「内部留保を積み上げていく」ことです。「内部留保を積み上げていく」とは、決算書のなかの「貸借対照表」にある「純資産の部」の金額を大きくしていくということを意味します。

　融資審査にあたって銀行が、企業の決算書で一番注意して見るところは、この「純資産の部」の金額です。その金額が、年々積み上がっていかないと、銀行はその企業に対する融資をある金額まででストップします。「純資産の部」の金額は、企業の安全性、つまり企業が倒産しないで継続して運営していけるかどうかを表すものです。「純資産の部」の金額が小さいと、企業の安全性は低いことになり、そのような企業へ1つの銀行が融資する金額の上限は抑えられます。

「純資産の部」を大きくするには、当期利益を大きく計上していくしかありません。利益の積み上がったものが、内部留保となります。「純資産の部」を大きくしていかなければ、いずれ資金調達がストップしてしまう時期が来ます。売上を年々伸ばすには、それに伴う資金調達も進めていかなければなりません。「純資産の部」を大きくしていけるように、利益をしっかり確保する必要があります。

ポイント　売上が伸びることによって生じる、所要運転資金の増加分が「増加運転資金」

83 融資を返済するために受ける融資「ハネ資金」

銀行業界用語で、「ハネ資金」と言われるものがあります。これも運転資金の1つですが、既存の融資を毎月分割返済することにより、現金預金が減っていった場合、それを埋め合わせるために必要となる資金のことを言います。

理論的に、利益と減価償却費を足したものであるキャッシュフローが、毎月の返済額を上回っていなければ、現金預金は毎月減っていくことになります。

たとえば、年間の当期利益が200万円、減価償却費が500万円、年間の返済額が6000万円だとするとキャッシュフローは、

200万円＋500万円＝700万円

そして、キャッシュフローの700万円－年間返済額6000万円＝△5300万円

となり、売掛金の増減、受取手形の増減など、他の要素はまったく不変だとすると、現金預金は年間で5300万円減少することになります。

そうすると、その間に5300万円を資金調達しなければ、現金預金の減少分を埋め合わせることができなくなります。

このようにキャッシュフローが返済額を上回っていない企業は、必ずハネ資金のための融

資を受ける必要が出てきます。

しかし銀行には、「ハネ資金として使うために融資を受けたいのですが……」と言ってはなりません。なぜならハネ資金は、言ってみれば「融資を返済するために受ける融資」ということになるからです。

そのため銀行に資金の使い道を聞かれたら、普通に「運転資金」と答えるか、「買掛金支払い、手形決済、諸経費支払いなどに使う」と言葉を濁しておけばよいのです。

中小企業の経営者の方のなかで、「利益は出ているはずなのに、時間がたつにつれて現金預金が減っていくのはなぜだろう」と思われる方は多く、それで私にご相談いただくのですが、その場合の多くはこの、キャッシュフローを超える返済金額がある、という現象が起こっているのです。

「将来は借入金を0にしたい」とおっしゃる経営者は多いのですが、そのためには、キャッシュフローが返済額を上回るようにしなければなりません。そうでなければ必ずハネ資金の需要が出てきて、その融資を受けることにより、借入金はいつまでたっても減らないことになります。

しかし私の実感では、中小企業の9割は、このような状態です。キャッシュフロー内で返済ができている中小企業はほんのわずかです。

ポイント キャッシュフローを超える融資の返済がある場合に需要が生じる

84 売上の季節変動に備えるための「季節資金」

季節により売上の変動が大きい製・商品を製造・販売する企業が、売上が大きくなる季節に一斉に販売するための在庫を事前に蓄えるための資金のことを、「季節資金」と言います。これも運転資金の1つです。

たとえばセーター製造業者が、冬のセーターの売上に備えて夏のうちにセーターを製造し、在庫として蓄えておくと、製造費用の支払いのための資金を確保する必要があります。夏のうちはそのセーターは売れず、入金は少ないが支払いは多くなります。そのために季節資金として融資を受けます。そして冬の時期にセーターを多く売って、入金が多くなったところで融資を返済することができます。

季節資金の融資は、毎年同じ時期に、借入と返済が繰り返されることが通常です。

製品を製造したり商品を仕入れてから、それらを販売して現金となるまでのプロセスは、「現金→在庫→売掛金→受取手形→現金」ですが、在庫として蓄えておく時期に資金需要が発生し、そこで銀行から融資を受け、その在庫を販売し現金として回収されるまで通常、期日一括返済の手形貸付の形で融資が実行されます。

季節資金の例としては、①アパレルの春物、夏物、秋物、冬物、②夏の水着、冬のスキー用具、③お中元・お歳暮の時期に売上が上がる物、④クリスマスの玩具、などがあります。
このように、売れる時期が特定の季節に偏るもの、イベントの時期に一斉に売れるもの、といった製・商品を製造・販売する企業は、季節資金の需要が発生するので、そのための融資の相談を銀行にしてみてはいかがでしょうか。

季節資金の融資を受けるためには、自社が製造・販売する製・商品が、季節によって売上が大きくなる時期があることを、銀行に説明することが必要です。また企業のタイムスケジュール、つまりセーター製造だったら、夏は量産して在庫として蓄えるために資金が必要となる時期、冬は販売して資金が入ってくる時期、というように説明する必要があります。

このように銀行に説明するためには、過去数年間の毎月の売上や仕入の推移をまとめた資料を銀行に提出するとよいでしょう。過去、季節資金としての融資を受けていれば、翌年以降も季節資金の融資が受けやすくなります。

季節資金の融資を行った場合、銀行のその企業ファイルには、季節資金を行った記録、そのときの融資審査の稟議書が残されます。翌年は、銀行はそれらを参照することにより、「前年も融資を行ったから今年も融資を行おう」というように考えてくれます。

ポイント　季節変動の実態を銀行に理解してもらうための資料があると、申し込みやすい

85 目的が明確な「納税資金」と「賞与資金」

納税資金とはその名のとおり、企業が税金を支払うための資金のことを言います。企業が法人税などの納税をする時期は、決算期の2か月後です。また、半期が終わった2か月後にも中間納税をすることもあります。

利益が大きく出た企業は、その利益に比例して、納税のために必要な金額が大きくなります。そのときに備えて、定期積立などにより資金を準備できていればよいのですが、多くの企業は、そのような準備を行っていないのが実情です。納税のために必要な資金として、融資を受ける必要が出てきます。

納税資金となる融資は、6か月分割返済で決められます。なぜなら、6か月に1回納税時期が来るので、次の納税のときまでに融資の返済を終わらせるという考えがあるからです。

次に「賞与資金」とは、企業が従業員に賞与を支払うための資金のことを言います。賞与はほとんどの企業で年に2回ですが、従業員に賞与を支払うにはまとまった資金が必要となります。そのための資金が預金としてあるのでなければ、賞与資金として融資を受ける必要が出てきます。

賞与資金の返済条件も、6か月分割返済です。賞与もほとんどの企業の場合、半年ごとに支給されるからです。そのため次回賞与のときまでには、賞与資金として受けた融資の返済を終えておく必要があります。

納税資金・賞与資金ともに、銀行としては取り組みやすい融資となります。その理由は、①納税のため、賞与支給のためと、資金の使い道がはっきりしている、②6か月間の分割返済であり、銀行としては早期に回収できてその分リスクは少なくなる、ことが挙げられます。そこで、納税資金・賞与資金という名目で、銀行からプロパー融資を受けられないか、銀行に相談してみてはいかがでしょうか。

銀行から受けている融資が保証付融資のみの企業の場合、早い時期にプロパー融資を銀行から受けられるようになっておきたいところです。保証付融資は信用保証協会の保証枠があって限度があり、その保証枠はイザというときのために取っておきたいからです。プロパー融資は、保証付融資と違い、銀行が貸倒れリスクを取る融資です。プロパー融資が受けられる企業は、それだけ銀行からよい評価をされているということです。そのようなこともあり、ぜひプロパー融資を受けられるようになっておきたいところです。

その点、納税資金・賞与資金融資であれば銀行の取り組みやすい融資なので、銀行が応じてくれる可能性はそれだけ高まります。そして返済をしっかり行って銀行に実績を付けていくことによって、プロパー融資をさらに受けられる道が開けてきます。

ポイント 銀行にとっては取り組みやすい融資なので、プロパー融資を受ける取っかかりにする手もある

86 将来確実な入金関連の支払いをまかなう「つなぎ資金」

将来のある時期に入金があることが確実だが、その入金に関連した支払いがその時期までに必要で、入金されたお金を返済にあてることを約束して出される融資のことを「つなぎ資金」と言います。その代表的な例が、建設業の工事のつなぎ資金です。

建設業は、1本の工事で上がる売上が大きいという特徴があります。また工事代金の入金は、工事が完成してからであったり、工事が半分終了してから半分の入金、全部終了してから残り半分の入金など、入金時期が遅くなるという特徴があります。

しかし、原材料の仕入による支払い、外注先への支払いなど、支払いのほうは入金時期より早くなりがちです。そのため、建設業は資金の不足が起こり、その資金を確保するために、銀行からつなぎ資金として融資を受けます。

返済は、売上代金の入金によるものと取り決められます。銀行はつなぎ資金の融資審査にあたって、確実に入金があることを確認するために、企業に請負契約書や受注書などの証拠書類を要求します。

また、つなぎ資金の返済方法は、期日一括返済となります。工事代金の入金日まではまったく入金がないため、分割返済できないからです。工事の進み具合によって半分ずつ、3分の1ずつなど入金があるケースもありますが、その場合は入金予定日ごとにその入金分を返済するという取決めがなされます。期日一括返済のため、融資の方法は手形貸付となります。

つなぎ資金としての融資が行われる例としては、①増資、社債の発行が将来確実に行われる場合、②不動産などの固定資産の売却によって入金が将来確実である場合、③土地収用などで補償金の入金が確実である場合、④政府系金融機関や他の銀行から将来融資が行われることが確実である場合、などです。

将来確実な入金があると言っても、工事の遅れがあった場合など、入金日が遅れてしまうこともあるでしょう。その場合は、早めに銀行に報告し、返済日を遅らせてもらう交渉をする必要があります。

つなぎ資金が受けられるようになるためには、銀行へ信用を付けていかなければなりません。つなぎ資金は将来確実な入金をあてにして出される融資ですが、その入金までに企業が倒産したり、何かの事情で入金がなされない事態になると、銀行は融資の回収ができなくなるからです。

融資した資金がどのようなことに使われるか、返済はどのように行われるかが、つなぎ資金でははっきりしているため、その分、銀行としては行いやすい融資なのですが、それも銀行に信用されてこそ、となります。

ポイント
資金の使われ方や返済が明確で銀行は取り組みやすいが、信用があってこその融資

87 通常は融資が行われない「赤字資金」

銀行は基本的に、赤字を補塡するための融資は行いません。なぜなら、「赤字資金」の融資は、返済原資がないからです。ここで言う赤字とは、不動産売却により売却損が出たなど一時的なものではなく、事業自体で赤字となった場合のことを言います。

融資の返済は利益によって得た資金から、というのが融資の原則ですが、赤字では当然ですが利益はなく、返済原資がありません。返済原資がないということであれば、貸倒れの可能性は高くなります。銀行は、返済が確実になされることを見越して融資を行うので、赤字資金の融資は行わないことになります。

しかし、次のような場合は、銀行は融資実行を考えることもあります。

・通常は黒字であるが、一時的な要因によって赤字となっただけであり、次の決算では黒字が確実に見込める
・黒字になるための計画が、事業計画書などにより明確となっている

このような場合であれば、将来の黒字により融資の返済が行われることが銀行としては期待できるため、それを返済原資と考えることで銀行は融資を行うのです。

ただその場合も、普段から銀行の信用を付けておくことが必要です。赤字になった場合で

も銀行から融資を受けやすいようにするためには、それまでの黒字である時期に銀行から融資を受けて返済を行い、銀行に対して実績を付けておくことが必要です。

将来も赤字の回復が見込めない場合は、どうしたらよいのでしょうか、当然ながら銀行は融資を行ってはくれませんせん。担保があっても、融資を受けることはむずかしいでしょう。返済原資がまったくない以上、当たり前の話です。

この場合は、融資を受ける以前に、企業として行うべきことがあります。どうやって赤字を解消するか。その対策を立てて実行していくことが、何よりも必要なのです。

赤字を黒字にするには、①売上の向上、②粗利率（売上総利益÷売上高）の向上、③経費の削減、の3つの観点から考えます。このようにして利益を確保できるようにすることが、必要です。

また既存の融資があり、その返済を新たな融資を受けないとできないのなら、「リスケジュール」、つまり銀行に毎月の返済額を減額してもらったり、0にしてもらったりする交渉を行う必要があります。

決して、商工ローンなどの金利が高いところから借りて、しのいではなりません。そうすると、企業は高い支払利息に追われて、ますます苦境に陥ってしまいます。

ポイント 黒字のときに実績を付けておき、赤字になっても将来の黒字が確実なことを訴える

88 過剰在庫による資金不足を埋める「滞貨資金」

滞貨とは、商品が売れ残ってたまっていることを言います。つまり、在庫として抱えてしまっていることになります。

企業が製品を製造したり、商品を仕入れてから、それらを販売して現金となるまでには、「現金→在庫→売掛金→受取手形→現金」というプロセスをたどりますが、在庫となってしまうと、現金がその分減少してしまうため、資金不足になってしまいます。その資金不足を埋めるための融資が「滞貨資金」ということになります。

在庫が多くなってしまうには、大きく分けて次の2つの理由があります。

(1) 季節やイベントなどにより、商品が売れる時期と売れない時期があり、売れる時期に備えて在庫を抱える

(2) 需要の見誤り、商品の品質上の問題などにより、売れ残りの在庫を抱える

(1)の場合は、将来の販売に備えるもので、正常な状態と言えます。この場合は、在庫を抱えるための資金として、「季節資金」で融資がなされます。

(2)の場合は、将来その在庫が売れる見通しが立っていない、正常ではない状態と言えます。在庫が売れて現金化される見通しが立っていないため当然、資金が不足してきます。銀行と

しては、こうした資金不足に対応する融資は行いたくないでしょう。

また、在庫が滞貨となってしまう原因には、次のような場合があります。

(1) 商品そのものに、品質などの欠陥があって売れない
(2) トレンドの変化により、在庫として抱える商品の需要が後退して売れない

(1)の場合は、商品を改良することによって売れることが確実であれば、それを銀行に説明するとよいでしょう。

(2)の場合は、需要の後退が一時的なものか、それともずっと続くものかを考える必要があります。一時的なものであれば、需要の回復の見込みを銀行に説明するとよいでしょう。しかし、商品の改良によっても売れる見通しが立たなかったり、需要の後退がずっと続くものであれば、在庫が売れて現金化される見通しが立たないことになります。

そもそも、融資の申込みにあたって、銀行から資金を何に使うか聞かれた場合、「過剰在庫で資金が不足し、それを埋め合わせるために使う」というような回答をしてはいけません。銀行としては、それでは返済原資をどこにも見出せなくなってしまうからです。

銀行から融資を受けるのは、あくまで運転資金として受けるということで、過剰在庫を理由としないようにしましょう。そして利益を上げることによって、それを返済にあてるということを銀行に説明しましょう。

ポイント
融資を受ける理由としては使わないほうがよい

89 事業遂行に必要な設備の購入等に使う「設備資金」

企業が事業を行っていくにあたって必要となる、設備を購入したり構築するために必要な資金のことを、「設備資金」と言います。たとえば、企業が工場や店舗などをかまえるための土地や建物の購入、建築、営業訪問のための車両購入、製造のための機械購入などがあります。設備を導入するためには、多額の支払いが必要となります。それを、融資を受けることによってまかなうことができます。

設備資金で融資を受ける場合は、1年を超える長期返済での融資となります。設備導入は、売上向上のため、もしくは設備の更新により売上を維持するために行われますが、設備導入による効果は長期間にわたります。そのため、設備資金で融資を受けて、短期の返済条件とすると、とたんに資金繰りは苦しくなってきます。

設備を導入すると、毎年減価償却を行うことになりますが、減価償却費は、現金の支出を伴わない費用となるので、それを設備資金で受けた融資の返済資金にあてる、という考え方を取るとよいでしょう。減価償却は長期間にわたって行われますので、返済も長期で行うようにしたほうがよいのです。

設備資金を申し込む場合、銀行にその設備についての見積書を提出したり、なぜその設備を導入するかという理由を説明する必要があります。銀行がその説明に妥当性を認めれば、後は企業の信用状況を見るための審査を行い、融資をするかどうかを決めます。

設備資金として融資を実行した後、企業はその支払いを行いますが、領収書を銀行に提出しなければなりません。また銀行員が、その設備を実際に見に行くこともあります。なぜなら、銀行は設備資金として出された融資が、ほかのことに流用されていないかをチェックする必要があるからです。もしほかのことに流用されていたら、一括返済を求められたり、今後の融資審査において大きなマイナスポイントとなる場合もあります。

また、運転資金として受けた融資を設備購入に使うと、資金繰りは厳しくなります。基本的に、運転資金より設備資金として融資を受けるほうが、長期間での返済を前提とした融資が受けやすくなります。短期の返済条件で受けた融資を設備に使うと、資金のバランスが悪くなるので、そのあたりは慎重に考える必要があります。

自己資金がある場合も、注意する必要があります。たまたま売上入金が多くて、現金預金が豊富にある時期なのかもしれません。設備の導入には多額の支払いが必要となるので、資金繰り表の作成も行ってチェックし、慎重に考える必要があります。

設備資金は、設備導入の前にしか融資を受けることはできません。設備を導入して支払いも済ませた後、その設備資金の融資を受けることはできないのです。このことは多くの経営者が知らないことなので、気を付けてください。

ポイント 設備を導入する前にしか受けられないので注意が必要

90　企業の業容拡大のために必要な「投融資資金」

次のように、企業の業容を大きくしていくために使われる資金のことを、「投融資資金」と言います。

・新事業展開のために必要となる資金
・地方・海外へ進出するための資金
・店舗を展開していくための入居保証金や、設備の導入などに使う資金
・新分野進出のための子会社設立、買収にあたって必要となる資金

これらはいずれも、企業の業容拡大につながっていくものであり、前向きな資金ということになります。

投融資資金は、金額が大きくなり、投資による効果は長期間にわたって出てくるため、融資の金額は大きく、返済は長期間にわたるものとなります。また投資は失敗することもあり、そうなると銀行への返済が厳しくなってきます。そのため銀行は、投融資資金として融資審査を行う場合、慎重な見方をします。

投融資資金として融資を申し込むにあたっては、その事業計画がいかに銀行に納得させられるものであるかがポイントとなります。「事業計画書」の作成は必須です。

前向きな資金だが、金額が大きくなり返済が長期にわたるため、銀行は慎重になりがち

ポイント

事業計画書は、①投資を行う事業が、すぐに利益が出るか数年で利益が出るようになり、その企業の利益拡大にプラスとなること、②投資を行う事業が、企業の既存部門の足を引っ張ることなく相乗効果を発揮すること、をポイントにしてつくってください。

既存の事業が赤字の会社が、その赤字を黒字に転換するための対策を取らないまま、新しい事業に展開していくことは、銀行の理解を得にくいものです。銀行は、新事業を展開する前に、まずはその赤字をなんとかするべきと考えます。このような状態で投融資資金を受けるのは、むずかしいと考えましょう。

理想は、既存の事業でしっかり利益が出ている企業が、業容拡大のため新しい事業を展開していくことです。新しい事業が、既存の事業の足を引っ張らないことも必要です。そういうことを銀行に説明することによって、投融資資金としての融資は受けやすくなります。

融資を受けて投融資を行った後は、その効果を定期的に銀行に報告すると、銀行からの信頼が得られ、今後の融資にもつながっていきます。

なお投融資資金には、企業の財テクのための株式購入資金もあります。しかし、このような場合はハイリスクであり、株式の値下がりによって返済ができなくなることがあるなど、返済が不安定となってしまいます。また銀行は、このような企業の本業とは無関係なことに使うための融資には慎重になるので、融資を受けられないのが通常です。

ハネ資金が必要となる理由

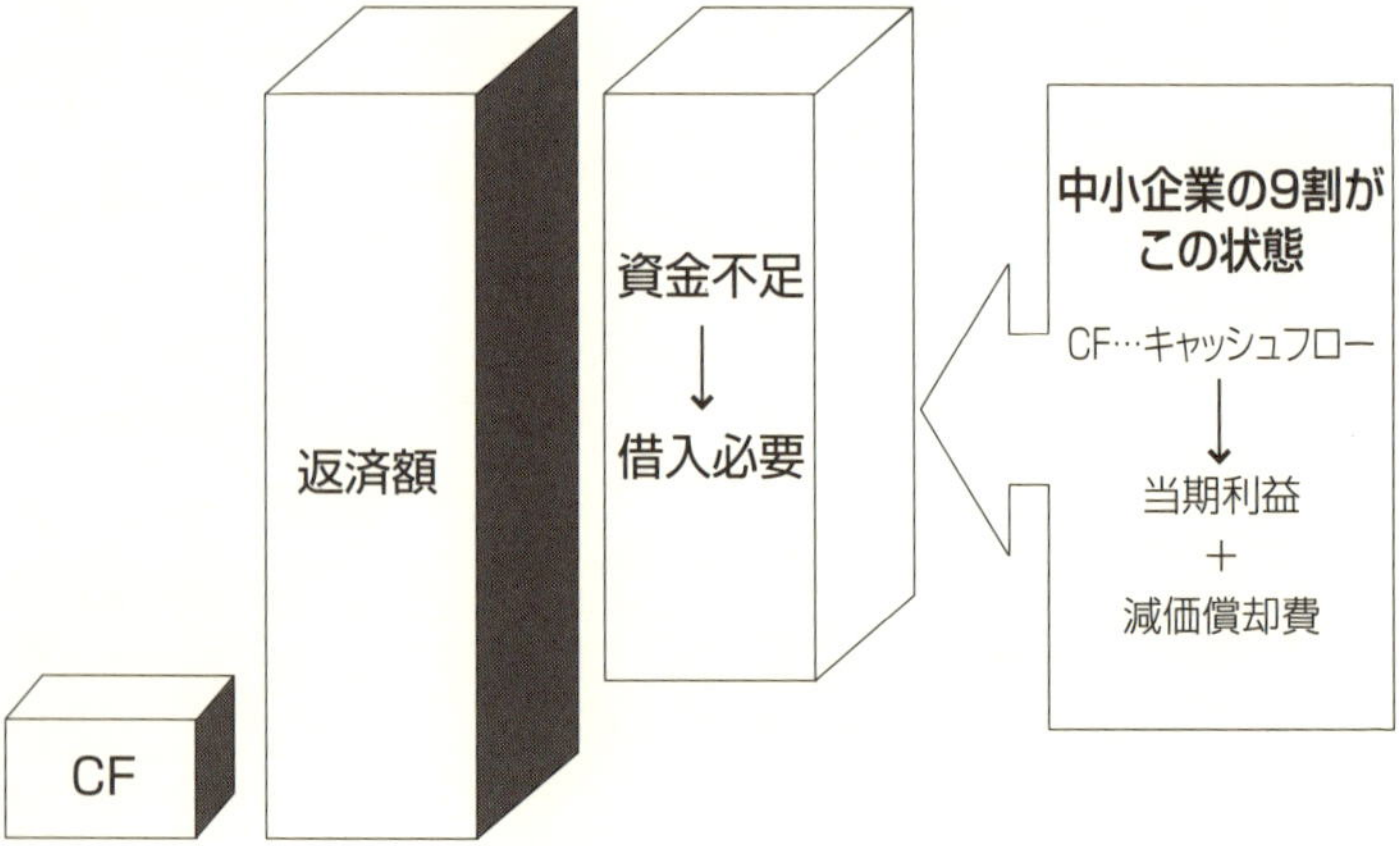

10章

もし、返済できなくなったらどうする

——「できない」ことも認めてリスケジュールなどで対応する

91 返済ができなくなるのはどんなケースか

融資を受けている企業は、必ず銀行に返済しなければなりません。しかし、返済する資金がない場合、それが不可能となってしまうことになります。そうなってもあわてないように、知っておいたほうがよいことをこの章で説明します。

返済ができなくなる場合は、次のようなことが企業で起こっています。

企業のキャッシュフロー（利益＋減価償却費）が返済額を下回ると、企業の現金預金は減少していきます。そのような状態では、減少した現金預金を埋め合わせるために、83項で説明した「ハネ資金」で融資を受ける必要があります。しかし融資を申し込んでも審査が通らないとなると、企業として「キャッシュフロー ＜ 返済額」という状態にできなければ、現金預金が底をついてしまうことになります。

このように、ハネ資金としての融資が受けられないケースが、返済ができなくなる典型的なケースです。そもそもハネ資金とは、融資返済のための資金を、再び融資を受けることによって確保するという、本来なら融資の本筋ではない資金の使い道となります。

しかし銀行ではそれを黙認して、企業の業績が融資審査が通るくらいのものであったら、名目を「運転資金」として実質ハネ資金の融資を行っています。企業の業績が悪化し融資審査が通らなくなったら、「キャッシュフロー ∨ 返済額」の状態でないことから現金預金は減少し、企業の資金繰りは悪化します。

また、売掛金や受取手形の相手先が倒産したり、相手先とのトラブルがあるなどして、資金の回収ができなくなった場合、企業への入金がなくなるので資金繰りが苦しくなり、その分の資金を、融資を受けることにより確保できなければ、返済ができなくなります。ほかには、設備資金として融資を受けた後、その設備による増益効果が考えていたほど出ないのに、融資の返済は行わなければならず、資金繰りが悪化するケースがあります。見込み違いの設備投資により返済負担が重くなり、資金不足に陥るケースはかなりあります。

いずれも、資金不足に陥った問題の解消を先送りしてはいけません。すぐに対策を考える必要があります。

融資を多く受けている企業は当然、毎月の返済額も大きくなります。その返済額以上のキャッシュフローを出すことができる企業は、多くはありません。その場合、何も対策を打たなければ、資金に行き詰まってしまいます。そうならないための有効策が、後で述べる「リスケジュール」です。

リスケジュールとは、毎月の返済スケジュールを組み直すことです。返済スケジュールは銀行との契約により決まっているため、その契約を組み直すことになります。銀行に、返済金額を減額してもらうことになります。

ポイント
企業のキャッシュフロー（利益＋減価償却費）が返済額を下回ると、返済ができなくなる

92　返済ができなくなってもやってはならないこと

私が、財務のコンサルタントとして、これまで３００社の資金繰り相談を受けさせていただくなかで、商工ローンなど、金利が15％を超える融資を多く受けている企業は、そのような融資をまったく受けていない企業より、会社の再生がずっとむずかしくなるということを強く感じています。

企業を経営していて銀行から融資を受けることができていれば、わざわざ高い金利の商工ローンを使おうとは経営者としては思わないでしょう。しかし、商工ローンから融資を受けている企業は、銀行から融資を受けることができず、商工ローンに行ってしまったケースがほとんどです。キャッシュフロー内で融資の返済ができず、現金預金が減っていったときに、ハネ資金として融資を受ける必要がありますが、その場合にやってはならないことが、商工ローンなどの金利が高いところから融資を受け、銀行への返済にあてることです。

このことは、金利が低い融資が、金利が高い融資に置き換わることを意味します。そうなると、支払利息の負担が大きくなり、一気に厳しい状況になってしまいます。決して、金利が高いところから融資を受けて、銀行へ無理に返済してはなりません。そうした無理をした結果、商工ローンへの返済や金利負担が重く、苦境に陥ってしまっている企業を、私は数多く見ています。

銀行への返済ができなくなったら、「リスケジュール」の交渉を銀行と行うべきです。その場合も、商工ローンなどから融資を何回も受け、商工ローンでの融資金額が大きくなってしまった結果、銀行とリスケジュール交渉を行うケースと、商工ローンを思いとどまってリスケジュール交渉を銀行と行うケースとでは、その後の企業再生のむずかしさが全然違います。

銀行から受けた融資はリスケジュールできても、商工ローンで受けた融資はリスケジュールできません。つまり、商工ローンで受けた融資が存在する企業は、銀行の融資をリスケジュールしても、商工ローンへの元金と利息の支払負担が重くのしかかってくるのです。その分が、資金繰りを強く圧迫します。

また、すぐに状況がよくなって全部返せるだろうと考えて、商工ローンから融資を受ける企業もあります。状況がよくなる根拠があるならまだしも、それがないのに、そのような考え方で商工ローンから融資を受けるのはかなり危険です。

商工ローンは、1回借りるとすぐに何本も借りるようになってしまい、また金額もどんどん膨らんでいってしまうケースがほとんどです。商工ローンで融資を受けて、銀行への返済にあてることは何の解決にもなりません。現実を見て、リスケジュールを考えてください。

ポイント 金利が低い融資が金利が高い融資に置き換わるようなことは、絶対にしてはいけない

93 「リスケジュール」という選択を考える

中小企業の経営者と話していると、多くの経営者が「銀行融資は必ず返済しなければならない」と思っていることがわかります。「借りた金は返す」――これは当たり前のことですが、それも事業の利益がしっかり出ていてこそできることです。

事業の利益が赤字であるのにお金を返す、これは無理なことです。ハネ資金で融資を受け、資金をつないでいる間に黒字回復するならまだしも、その見込みが当面なければ、赤字であることを見て銀行もハネ資金の融資をしてくれなくなり、資金不足に陥ってしまいます。

その場合、「銀行融資は必ず返済しなければならない」との思いが強い経営者は、金利の高いところから借りてでもそうしがちです。しかし、それでは企業経営を一気に行き詰らせます。「返せないものは返せない」、そのような開き直りが必要となることもあるのです。

業況が厳しくなった中小企業を再生させるにあたって、「リスケジュール」は有効な手段です。リスケジュールは、企業の再生手法としていまは一般化しています。

私の会社では、多くの会社のリスケジュール交渉をお手伝いしていますが、リスケジュールが成功して返済金額が少なくなった企業は、資金繰りがとてもラクになります。

リスケジュール交渉を行う前の経営者は、資金繰りに大部分のエネルギーを取られていますが、リスケジュールに成功して返済金額が少なくなった経営者は、資金繰りに使うエネルギーが少なくなり、その分のエネルギーを、企業の業績向上に向けることができるのです。そうすると、おのずと業績は上向いてくるでしょう。このようにリスケジュールには、業績を向上させる副次的な効果もあります。

銀行への返済が厳しくなったら、取るべき選択肢は次の3つです。

(1) 商工ローンなど、金利が高いところから融資を受けて銀行へ返済する
(2) 決算書の偽造を行うなどして、銀行から融資を受ける
(3) リスケジュール交渉を行って、銀行への返済金額を少なくしたり0にする

(1)の手段は、そのときは銀行に返済してしのぐことができても、商工ローンへの支払いがその後に重くのしかかるため、一気に企業経営を苦しくさせます。

(2)の手段は犯罪です。世の中には融資ブローカーと言って、決算書の偽造によって銀行からの融資を成功させ、手数料を融資実行額の20～50％も取る人がいますが、そもそもそれは犯罪であり、法外な手数料を支払ったら一気に経営は苦しくなってしまいます。自分でやるにしても融資ブローカーに依頼するにしても、決算書の偽造は犯罪です。

そうなると、(3)の手段しか残りません。リスケジュールは多くの中小企業が行っていることで、何も恥ずかしいことではないのです。

ポイント　いままでは一般的な「リスケジュール」を、ある種の開き直りで使うことも考えるべき

94 リスケジュール交渉の前にしておくべきこと

ここで1つ、みなさんに知っておいていただきたいのは、「リスケジュール」と「延滞」は、意味がまったく違うということです。最大の違いは、銀行の同意を得ているか得ていないか、にあります。

リスケジュールは、返済条件の組み直しという意味です。銀行との話合いで、企業に無理のないように返済条件を組み直すことなので、返済金額を減らしたり0にすることは、当然、銀行が了解したうえでのことです。銀行がリスケジュールを同意すると、企業との間で、「返済条件変更契約書」というものを交わし、返済金額が少なくなります。

延滞のほうは、企業側が銀行との同意なしに、返済しなければならない日に、返済しなければならない金額を支払わないことです。返済用預金口座の残高を返済金額以下にしておけば、銀行は返済のための引落しをすることができず、延滞となります。延滞は企業が一方的に行ったことなので、銀行はその延滞を解消するために、いろいろな手段を取ってきます。

延滞の場合、銀行は企業の経営者と延滞の解消に向けて話し合おうとしてきますが、経営者がそれに応じないまま3か月くらいすると、企業の預金口座に差押えを行ったり、保証人から取り立てたり、担保があればその物件の競売準備に入るなど、強硬な手段を取ってきます。企業が一方的に延滞して、話合いにも応じない以上、そうするしかないからです。

リスケジュールと延滞、どちらも企業が銀行に返済できないことから起こることですが、ずっと延滞の状態にしておくくらいなら、リスケジュールの交渉を銀行に持ちかけるほうが、銀行に協力してもらうことになりますので、その後の企業経営にずっと有利に働きます。延滞のままでは銀行は強硬な手段を取ってくるため、そのままでは企業へのダメージが大きくなります。

銀行にリスケジュールの話をするのは、資金不足に陥って返済できそうもないと思われる返済日の、数日前に行ったほうがよいでしょう。次項では、リスケジュールにあたってどのような資料を用意したらよいか述べますが、その資料の準備ができていなくても、銀行に「次の返済日には返済はむずかしそう。今後、どうやって会社を立て直していくか社内で現在考えていて、早いうちに資料を準備して説明に行きたい」というように、経営者自らが銀行に出向き、銀行に誠意を見せておくことが必要です。

いきなり延滞して、その後に銀行に話をしに行くのと、返済日の前にひと言でも銀行に伝えておいて、返済日に延滞するのとでは、銀行として受ける印象がまったく違います。いきなり延滞されると銀行はあわてますが、事前に延滞しそうなことを話しておくだけでも、印象はよくなり、その後のリスケジュール交渉を有利に進めることができます。

ポイント 返済が滞りそうになったら、返済日の数日前までにその旨を銀行に伝えておく

95 リスケジュール交渉に必要なもの

リスケジュール交渉で一番に必要なことは、「交渉資料づくり」です。つくらなければならない資料は、以下の3つです。

私の会社では、企業のリスケジュール交渉をお手伝いするにあたって、これら書類を「リスケ3点セット」と言って、書類作成の支援をしていますが、これらの資料をつくることが、リスケジュール交渉を成功させる一番の近道です。この3つの資料をつくった場合、ほとんどのケースでリスケジュールが成功しています。

(1) **返済条件変更申込書**……企業が返済をどのように減額、もしくは0にしてほしいか、その「意思」を銀行に示すものです。次のような内容を書面にすることで、企業の「本気度」を表します。

・返済条件をどのように変更してほしいか
・返済条件の変更を希望する日
・返済条件の変更を希望するにいたった理由

また、当初の返済条件を緩和してもらうように銀行に希望するのですから、お詫びの気持ちを伝えることも大切です。「貴行にはご迷惑をおかけしまして、誠に申し訳ございません」

といった文言を入れておくようにします。

(2) **経営改善計画書**……リスケジュールを銀行が承諾するためには、銀行としても強硬手段ではなく、リスケジュールの方法を取ったほうが、より多くの金額を回収できると納得できなければなりません。

そのために銀行に、「企業は業況が厳しい状況にあるが、リスケジュールによって資金繰りをラクにすれば、その間に業績向上に力を入れることができ返済が再開される」と思わせることができなければ銀行はリスケジュールを承諾しません。

ではリスケジュール後、どのように企業の業績をよくしていくか、それについて書くのが、「経営改善計画書」となります。したがって、どうやって売上を上げていくのか、どうやって粗利率を改善していくのか、どうやって経費を削減していくのか、その対策とともに、その対策の結果、どのように利益が上がっていくのかを「数値」で示す必要があります。

(3) **資金繰り表**……リスケジュールを行わなかった場合と行った場合の、今後2～3年の資金繰り予想を書きます。リスケジュールを行うことによって、資金不足が解消するという予想にします。

そして、たとえば1年で返済を再開したいなら、1年後に業績回復によって利益が出るようになり、それで返済が再開できる、というように見える資金繰り表にします。

ポイント
正式なお願いと今後の経営改善や資金繰りについて、銀行に納得性のある資料を用意する

96 リスケジュールを行うとどうなるか

リスケジュール交渉は、ほとんどの経営者にとって、初めての経験となるでしょう。銀行に返済金額を減らしてほしい、という希望をかなえてもらうための交渉ですから、引け目を感じ、経営者としてはできれば行いたくない、と考える方が多いはずです。

しかし銀行としては、多くの中小企業からリスケジュールの依頼を受けており、交渉は慣れっこなのです。もしあなたがリスケジュール交渉のために銀行に行っても、銀行としては数多くある同様の交渉の1つでしかないのです。あまり考えすぎずに行きましょう。

リスケジュールの希望を伝えると、銀行としてはよい顔をしません。経営者に「返済はしっかり行ってください」と言うかもしれません。しかし、それにひるんではいけません。銀行内部のマニュアルでは、そう言うことになっているからです。銀行が第一に考えることは、融資した資金が最後まで返済されるか、ということです。そのために、「まずは返済を」という姿勢を企業に見せる必要があるのです。

だからといって、商工ローンなどから融資を受けて、無理に銀行に返済してはいけません。銀行に「返済してください」と言われるところから、リスケジュール交渉ははじまるのです。私の会社がお手伝いしたほとんどの場合、銀行員から最初にこのように言われますが、それでもリスケジュールには成功しています。

また複数の銀行で融資を受けている場合、返済条件の変更はすべて一律に行わなければなりません。一部の銀行だけリスケジュールを行ったり、優先的に返済したりするのはダメです。返済されない銀行と返済される銀行があるのは、返済されない銀行としては不公平と考えます。その場合、リスケジュール交渉はもめてしまうことになります。

リスケジュールの交渉は、早い場合は2週間ぐらいで終わりますが、2～3か月かかることも少なくありません。経営改善のための具体案など、銀行への説明がさらに必要だったり、ほかの銀行のリスケジュール交渉の様子を見られたりと、時間がかかることはざらにありますが、粘り強く交渉していくことが必要です。専門家の助言を受けることもよいでしょう。

なお、リスケジュールを行ったら、返済金額を減額しているうちは、その銀行から融資を受けることはできません。しかし、リスケジュールは銀行から融資が受けられないときに行うものなので、そこで銀行から融資が受けられなくても、同じこととなります。

融資が受けられないのであれば、返済しなければよいのです。返済金額が減った分、実質的には資金調達できることになります。たとえば、毎月500万円返済しているのが0円になれば、毎月500万円を資金調達しているのと同じ効果になります。そう考えると、銀行から融資を受けられないデメリットはなんでもないことになります。

ポイント 返済金額を減額しているうちは、その銀行から融資を受けることはできなくなる

97 早期に通常返済に戻す

リスケジュール交渉に成功して、銀行と「返済条件変更契約書」を交わした後は、銀行との交渉で決まった月々の返済額を返済していくことになります。しかし返済減額の期間は、永遠にというわけにはいきません。銀行は、将来に返済が元に戻り、それで融資の回収ができると踏んでリスケジュールに応じているのです。なるべく早い時期に、通常の返済に戻すことができるよう、業績回復のための対策を打っていかなければなりません。

リスケジュールを行い、減額された返済金額で返済してもよい期間は、返済条件変更契約書にて、6か月とか1年あたりに決められます。銀行に、「5年間返済を減額してほしい」と頼「利益が出るまではずっと返済金額を減額してほしい」と、リスケジュール交渉のなかで頼んでも、その希望が通ることはありません。必ず6か月間とか1年間など、期間を区切られます。その期間後は、通常の返済金額に戻すような契約になります。

なぜなら、銀行のマニュアルではそのように決まっているからです。たとえば5年間ずっと減額された返済金額でよいとなると、それが契約書に書かれた場合、銀行としてはその5年間、企業に返済金額を上げてもらう交渉の機会がなくなってしまいます。そのため、6か月とか1年間など、返済金額を減額する期間を短く区切るのです。

こうすると、たとえば1年で区切られた場合、契約では1年後は返済金額を元に戻すことになっているので、企業が、減額された返済を続けてもらうような交渉をしてこなければ、契約で返済金額を元に戻すことができます。また、企業が交渉をしてきた場合、その企業がどこまで業績が回復したかを見て、返済金額を元に戻すとは言わないまでも、20%元に戻してほしい、50%元に戻してほしい、というように銀行は企業と交渉することができます。

このように、交渉の機会をつくるために、銀行はリスケジュールにおいて、必ず期間を短く区切るのです。もちろん、期間を1年で区切られて、1年後も業績がまったく回復しない場合は、現状の減額された返済をそのまま1年継続するように、銀行と交渉することができます。期間を1年で区切られたからと言って、1年後に必ず返済金額を元に戻さなければならない、というわけではありません。そのときに再度リスケジュール交渉することにより、減額された返済を継続することも可能です。

しかし、早期に返済金額を通常に戻して、銀行から再び融資を受けられるようにするために、返済金額が減額されている期間は、早期に業績回復するように経営者が中心になって会社を立て直していかなければなりません。銀行も、経営者のそのような姿勢を見ています。返済金額が減額になったからと言って、それに甘んじていると、銀行も厳しいことを言ってきます。

ポイント
銀行から再び融資を受けられるよう、早期の業績回復を目指して会社を立て直していく

98 返済の一本化による効果は

毎月の返済がきつくなってきた場合、そのための対策としてよく言われることに、「返済の一本化」というものがあります。

たとえば融資が2本あり、1本は融資の残額が2000万円、残り返済回数が40回(40か月)、毎月50万円の返済。もう1本は融資の残額が1000万円、残り返済回数が20回(20か月)、毎月50万円の返済だとします。それらを合わせて3000万円で借換えし、60回(60か月)の返済回数としたら、いままでの2本の融資を合わせて毎月100万円返済であったものを、毎月50万円の返済にすることができます。このように、複数の融資を1本化することにより、毎月の返済金額を減らすことができます。

しかし、それは銀行から新たな融資が受けられることが前提です。このケースでは、2000万円と1000万円の融資が3000万円に変わっただけであり、増額分の融資がありません。これで融資を受けても、後に資金は残らないこととなります。

このケースで、銀行が1000万円増額してくれ、4000万円で融資が受けられるのであれば、毎月返済金額は4000万円÷60回≒66万円くらいになりますが、それでも当初より返済金額は減額され、さらに1000万円の資金を手元に残すことができます。

この場合は、まだまだ銀行から融資を受けられるだけの信用があるということですから、問題はありません。しかし、借換えによる返済一本化をしても、銀行が融資金額を上乗せしてくれない場合、他の銀行でも融資が受けられないとなれば、これは毎月１００万円の返済金額を、50万円に減額しただけの効果しかありません。

毎月の返済金額50万円が、キャッシュフローでまかなえるとなればよいのですが、そうでなければ、これは「中途半端な返済減額」ということになります。つまり、企業の返済能力に対応した返済金額に収まらない「返済減額」のことです。

融資をまだ受けられるだけの力がある企業では、返済の一本化は毎月の返済をラクにするためには有効な手段ですが、そうでない企業であれば、このような一本化による返済減額を行っても、抜本的な資金繰り改善にはならず、いずれ資金繰りに詰まってしまうことになります。要は、経営者の間でよく言われる「返済の一本化による資金繰り改善」は、企業の状況によって、効果的な場合もあればあまり意味をなさない場合もある、ということです。

この「返済一本化」は、中小企業経営者ではもはや「魔法の方法」の域に達しているような感じで、多くの経営者から相談を受けますが、実際はそんなことはありません。「返済一本化」にとらわれてしまうと、単なる場当たり的なテクニックに溺れてしまって、抜本的に資金繰りを改善できない、ということにもなってしまいます。気を付けてください。

ポイント
企業の状況によって、効果的な場合もあればあまり意味をなさない場合もある

99 返済できなくならないように気を付けるべきこと

銀行とリスケジュール交渉をしなければならない企業は、そのほとんどが業績の悪い企業です。私が多くの企業から相談を受けて思うことの1つは、「どんぶり勘定の企業ほど、業績が悪くなる傾向がある」ということです。どんぶり勘定の企業とは、帳簿付けもせず、損益管理ができていない企業のことを言います。

決算書は1年に1回、必ず作成する書類ですが、試算表は、企業の経営成績の途中経過を表します。毎月、経理作業を行って試算表を作成し、1か月分の経営成績を翌月にすぐに参照することができなければ、最近、赤字なのか黒字なのかさえわかりません。

黒字であるならまだしも、赤字になっていて、試算表がつくられていないことによって、赤字の状態に経営者が気づくことができなければ、赤字解消のための対策を取ることが遅れてしまいます。試算表がなければ、そもそもどこで費用を多く使っているかがわからないので、赤字を黒字にするにはどうすればよいかを考えることもできません。

毎月、試算表を作成するだけでも、経営者の意識は大きく変わっていきます。危機意識が芽生えてきます。赤字であることが目に見えるのであったら、どうやって黒字にすればよいか、経営者は考えざるを得ないでしょう。

私は「銀行との付き合い方」(http://www.mag2.com/m/0000103414.html) というメールマガジンを発行していて、毎週3万名の読者に銀行融資などの情報提供をしているのですが、そのなかで多くの方から銀行融資についてのご相談をいただきます。

しかし、銀行からどうやって融資を多く受けるかを考える以前に、まず自社で、毎月試算表を作成できる体制が築かれているか、見直すことが必要だと感じます。

どんぶり勘定の会社には、銀行は融資を行いたくありません。また経営者が決算書や試算表を読むことができない会社には、銀行は恐くて融資を出しにくいのです。経理をしっかり行い、試算表で損益状況を経営者が確認し、経営の対策に生かすことができる企業、そのような企業には、銀行は安心して融資を出すことができます。

またそのような企業は、業績向上のために経営者が対策をしっかり行うため、その分、業績はよくなります。そうすると、銀行としてはその企業に高い評価をし、銀行からの融資も受けやすくなります。それに業績がよいということは利益も出るということなので、資金繰りもラクになって好循環になります。

リスケジュールは、どの企業でも避けたいことでしょう。避けるためには、業績をよくする必要があります。業績をよくするのは、まず毎月試算表を上げられる体制を築くことです。これは企業経営にとっては当たり前のことですが、それができていない企業が多くあります。

ポイント
毎月試算表を作成できる体制を築き、どんぶり勘定から脱することが求められる

100 「借りる」ためのテクニックより大切なこと

最後に、融資を受けるということを、中小企業経営者のみなさんにもう1度考えていただきたいと思います。融資を受けるということは、「他人のお金を借りる」ということなのです。銀行は融資をしますが、その資金はそもそも銀行が預金者から集めたお金であり、預金者のものです。

いかに銀行からお金を借りるか、という情報が世の中に多く出ていますが、そこに欠けてしまいがちな視点は、「いかに業績をよくして、銀行から安心して融資が受けられる会社になるか」ではないでしょうか。多くの経営者から「銀行から融資を受けたいがどうしたらいいのか……」というご相談をいただきますが、試算表もつくっていないような企業であれば、融資を受ける以前に、まずは試算表をつくる体制を築くことをお勧めしています。

融資を受けるテクニックや裏技よりも、胸を張って銀行から融資が受けられる会社にすることが先です。それが、融資を受けるための一番のテクニックではないかと思います。

試算表もつくらない会社、もしくは試算表をつくっていても、赤字を黒字にするにはどういう対策を取ればよいかを私が尋ねても答えられず、ただ「融資を受けたい」というだけの経営者の会社は、融資を受けても、将来それをリスケジュールしなければならない事態に陥りやすくなってしまいます。そのような企業に、銀行はそもそも、預金者の大切なお金を融資したくありません。融資をするのが恐いのです。

融資は、会社経営がしっかりできてから、その後の話です。融資を受けるテクニックばかりを知っても、会社がダメになってしまえばなんの意味もありません。

東京には、融資ブローカーと呼ばれる人たちが多くいます。決算書を偽造して銀行から融資を受け、融資実行金額の20～50％もの法外な成功報酬を取ります。決算書の偽造は銀行に対する詐欺ですし、その法外な手数料は法律に違反します。

そもそもそうやって融資を受けた会社のほとんどは、すぐに行き詰ってしまうのが、多くの企業のケースを見てきて私が確信するにいたったことです。彼らは、お金を稼ぐことしか考えていません。企業が将来どうなろうと、知ったことではないのです。決算書の偽造により銀行から3000万円の融資を受けて、40％が成功報酬であれば1200万円です。いかに融資ブローカーという仕事がおいしいかがわかります。

融資を受けるための究極の裏技は「決算書の偽造」ですが、それは犯罪ですし企業の破綻を一気に近づけることになります。融資を受けるための一番効果的なテクニックは、企業の業績をよくすることです。テクニックだけに走らず、まず企業の業績をよくすることを考えてください。銀行から融資を受けることを考えるのは、それを行ってからの話です。

ポイント 融資を受けるための一番効果的なテクニックは、企業の業績をよくすること

「返済条件変更申込書」の例

平成 19 年●月●日

●●銀行御中

●●●●株式会社

代表取締役　●●●●

返済条件変更のお願い

貴行ますますご盛栄のこととお喜び申し上げます。平素は格別のお引き立てをいただき、厚く御礼申し上げます。

早速ではありますが、●●銀行様からの借入金の返済につきまして、下記のとおり変更のお願いを申し上げます。

記

返済条件変更の希望

当初借入額10,000千円　現在残高5,707千円　毎月返済金額139千円

→元金据置き

当初借入額10,000千円　現在残高3,214千円　毎月返済金額139千円

→元金据置き

当初借入額20,000千円　現在残高8,345千円　毎月返済金額278千円

→元金据置き

当初借入額20,000千円　現在残高13,513千円　毎月返済金額166千円

→元金据置き

条件変更希望時期

平成19年●月より

理由

今期業績（平成18年7月～平成19年4月）売上高347百万円、経常利益△16百万円と芳しくなく、さらに金融機関への毎月返済も重い負担となっており、今後の資金面に不安があります。別紙経営計画どおり、今後1年かけて、営業努力による売上向上と、いっそうの経費削減をはかり、業績回復すべく、返済の猶予をいただければありがたく思います。貴行にはご迷惑をおかけしまして、まことに申し訳ございません。

あとがき

私の会社「株式会社フィナンシャル・インスティチュート」は、開業当初は資金調達のコンサルティングを専門に行っていました。

当時は多くの会社から、資金調達についての相談を受けていましたが、資金調達の相談に来られる中小企業の3分の2は、「赤字だから資金調達で埋め合わせをしたい」という相談内容でした。

しかし赤字は、「資金調達」で解決するものではありません。赤字をどうやって黒字にするか、そのための「黒字化対策」を早急に行うことが、本当の解決策になります。

しかし、多くの経営者がそのような認識ではなく、「資金調達さえできればなんとかなる」という安易な考え方を持って相談に来られていたため、しだいに私のなかに「違和感」が湧いてきたのです。

そこで、途中から「資金調達」をメインにするのではなく、「事業再生」、「会社再生」をメインに相談を受けることにしました。

そして、どうやって赤字を黒字にするか、銀行がなかなか融資をしてくれない場合、どのようにして資金繰りを回していくか——その取組みを私たちがお手伝いさせていただくことにより、多くの中小企業が経営危機の状態から脱し、会社の再生に向けて進むことができるようになっています。

この本では「融資の知識」について書きましたが、決して、融資を受けることがあなたの会社の問題を解決することにはなりません。あなたの会社に資金繰りの問題がある場合、利益を上げること、利益が上がらない場合はどのように資金繰りを組めばいいかを考えること、それが解決策になります。

銀行などから融資が受けられなかった場合、金利が高い商工ローンなどから借りて銀行へ返済をしようという経営者がいますが、そんないきあたりばったりのやり方では、後々大きな問題を引き起こすことになります。

「融資」、「資金調達」だけで考えるのではなく、資金繰り全体で考えることが、あなたの会社をよい方向に持っていくことになります。

世の中には悪徳融資ブローカーがはびこっています。彼らは、決算書を偽造して5000万円の融資を成功させ、成功報酬として2000万円も取るような輩です。そのようなことで融資を受けたのでは、一気に資金繰りが破綻してしまいます。「融資」がすべての解決策と考えると、このような業者にも引っかかってしまいます。

しかし、中小企業の経営者にとって必要なのは、資金繰り全体を見渡せる「バランス感覚」ではないでしょうか。

あなたの会社が資金繰りをうまく行い、その結果、ますます発展していくことを願っています。

株式会社フィナンシャル・インスティチュート
代表取締役　川北　英貴

著者略歴

川北　英貴（かわきたひでき）
株式会社フィナンシャル・インスティチュート代表取締役。資金調達・事業再生コンサルタント
1974年愛知県東海市生まれ。早稲田大学卒業後、97年地方銀行入行、法人営業部にて主に中小企業向け融資業務を手がける。退社後04年、大阪市にて株式会社フィナンシャル・インスティチュートを設立。
銀行員生活8年のなかで、900社の融資を手がけた経験から、中小企業向けに、資金調達についてのアドバイスを行う。
また、資金調達分野では日本一（約30,000名）の読者数をほこるメールマガジン「銀行との付き合い方」を発行。中小企業向けに情報提供を行っている。

メールマガジン「銀行との付き合い方」
http://www.mag2.com/m/0000103414.html

資金調達・資金繰り・事業再生ホットライン　0120-316-071

中小企業経営者のための融資の基本100

平成19年5月7日　初版発行

平成22年1月18日　3刷発行

著　者　川 北 英 貴
発行者　中 島 治 久

発行所　同文舘出版株式会社
東京都千代田区神田神保町1－41　〒101－0051
電話　営業：03（3294）1801　編集：03（3294）1803
振替　00100－8－42935　http://www.dobunkan.co.jp

ISBN978-4-495-57551-9
印刷／製本：三美印刷　Printed in Japan 2007